U0692198

企业之魂

2023年度浙江省企业文化优秀案例

浙江省思想政治工作研究会
浙江省企业文化建设协会
——编

浙江文艺出版社
Zhejiang Literature & Art Publishing House

图书在版编目(CIP)数据

企业之魂：2023年度浙江省企业文化优秀案例 / 浙江省思想政治工作研究会，浙江省企业文化建设协会编. 杭州：浙江文艺出版社，2024.7. -- ISBN 978-7-5339-7659-0

Ⅰ. F279.275.5

中国国家版本馆CIP数据核字第2024DJ4996号

责任编辑 周琼华　　装帧设计 徐然然
责任印制 吴春娟　　营销编辑 周　鑫

企业之魂：2023年度浙江省企业文化优秀案例

浙江省思想政治工作研究会　浙江省企业文化建设协会　编

出版发行 浙江文艺出版社
地　　址 杭州市环城北路177号
邮　　编 310003
电　　话 0571-85176953(总编办)
　　　　 0571-85152727(市场部)
制　　版 杭州兴邦电子印务有限公司
印　　刷 浙江新华印刷技术有限公司
开　　本 710毫米×1000毫米 1/16
字　　数 279千字
印　　张 20.75
版　　次 2024年7月第1版
印　　次 2024年7月第1次印刷
书　　号 ISBN 978-7-5339-7659-0
定　　价 78.00元

CONTENTS

目　录

党建铸魂篇

匠心传承篇

数智创新篇

品牌塑造篇

社会责任篇

党建铸魂篇

案 例

01

循迹溯源，打造浙江绿谷“千峡红”

○ 浙江浙能北海水力发电有限公司

○ 滩坑水电站全景

背景介绍

浙江浙能北海水力发电有限公司（以下简称：北海水电）致力于瓯江滩坑水电站建设，包括水力发电及电力经营，水力、电力资源的开发等。滩坑水电站是一座具有多年调节能力的大（Ⅰ）型水电站，是瓯江流域规划中的一座重要骨干电站，也是浙江电网最大的统调水电站。该建设工程2003年被浙江省委、省政府确定为“五大百亿”工程中“百亿帮扶致富建设”的一项重要工程，2005年列为国家重点工程，工程总投资65.86亿元。

2002年11月25日和2004年11月24日，时任浙江省委书记的习近平同志在浙江工作期间两次深入浙能集团滩坑水电站调研，指出：“建造滩坑水电站，是浙南山区人民企盼几十年的大事，是扶贫帮困的德政工程，也是欠发达地区经济新的增长点。”①

○ 右坝头“足迹”主题公园内的“循迹溯源学思想促践行”活动

---

① 童亚辉：《习近平能源安全新战略的浙江探索》，《人民日报》2019年07月03日，第2版。

近年来，在滩坑水电站厂区内，北海水电注重传承红色基因，深入挖掘“滩坑故事”，着力推进企业文化阵地建设，逐步形成以企业展示厅为中心，辅以生物多样性保护基地和右坝头“足迹”公园两个现场展示点的“阵地集群”，形成一条“千峡红”文化风景带，努力使职工在感悟和传承红色基因中，凝聚形成推动公司发展的磅礴力量。

主要做法

一、做好“红色根脉”溯源，完善“红色阵地”建设

一是推进“上善若水・能源之美”企业展厅建设。通过多媒体互动、沙盘模型以及图文展板等，直观讲述“四个革命、一个合作”能源发展战略的内容，讲述滩坑水电站的建设历程、内涵及意义，科普水力发电知识。通过“世纪梦圆”浮雕文化墙的艺术化呈现，展示在党的领导下，滩坑水电站从无到有，跨越半个世纪，在小溪流域中拔地而起，成为守护地方的“中流砥柱”。二是推进生物多样性保护基地的建设。深入挖掘电站在分层取水、生态供水以及鼋、香鱼等水生生物多样性保护中的具体做法，体现“绿水青山就是金山银山”的发展理念。三是推进右坝头“足迹”主题公园建设。通过“文化石”的竖立、“溯源长廊”的建设以及红色宣誓墙的设置，重温习近平同志调研时留下的殷切嘱托，还原滩坑水电站在党的关心关怀下成功建成的历史故事。

二、完善“红色宣讲”内容，培育“红雁”政宣队伍

一是逐步丰富“千峡红”故事内涵。不断挖掘每一张照片、每一

份物件的缘起由来，不断丰富企业展示厅、生物多样性培育基地以及“足迹”主题公园的宣讲内容，以求更加生动地向来访者宣讲“背后的故事”。二是逐步培养“红雁”政治宣传员队伍。通过展厅解说和政治宣讲比赛，从水电一线党团员青年中发现并挑选出优秀的政宣员，组成首批6人的水电“红雁”政宣队伍，并持续加强培训与指导，在提升一线职工的政治水平的同时，不断提升阵地宣讲效果。三是逐步形成成熟的党课宣讲资源。以阵地建设中挖掘的素材为基础，在2023年初完成报告文学《正道沧桑——浙江能源发展纪事》第一卷“北海之光”的撰写，并先后形成“从大山走出的五万移民”“一湖碧水惠民生”等优秀党课资源。在内外部的政治宣讲活动中，广泛宣讲滩坑水电站在生态环保、移民致富等方面的动人故事，以滩坑旧闻新事来提振精气神，不断增进职工队伍的荣誉感、使命感，增强水电一线队伍的凝聚力、向心力、战斗力。

三、健全“红色活动”机制，发挥企地联动“红色效益”

一是注重全员覆盖。围绕“千峡红”阵地，创新开展“主题党日”和“主题团日”活动，组织全体水电一线职工“循迹溯源学思想促践行”，并充分发挥班组一线政治宣传员“播种机”作用，结合“红色根脉·班前十分钟”活动，推进红色宣讲进现场、进班组，不断提升全员的政治文化素养。二是注重企地联动。以地方政府创建“千峡溯源·红色党建示范带”为新契机，合力共建瓯江小溪流域的红色风景线，逐步成为地方企事业单位参观学习的热门打卡地。三是注重支部共建。密切联系浙能集团系统内以及省内水利事业单位开展共建活动，相继举办“滩坑追忆行”“沿着红色足迹学党史”等活动，在主题教育期间，累计参观接待省市县党员干部130余批次、近3500人次，使该阵地成为宣传思想、传播文化的窗口。

成效和启示

“千峡红”企业文化阵地建设投运以来，增强了文化宣传的直观性，营造了“处处是课堂，时时受教育”的浓厚氛围，使广大职工在耳濡目染中增进了对企业历史的了解，时刻提醒党员职工不忘使命、牢记嘱托，为企业发展做出新的贡献。

一、要注重紧跟时代，因地制宜，建好“主阵地”

在阵地建设过程中，要积极采取传统与现代相结合的方式，合理调配优化企业宣传资源，既要建好守住报纸杂志、宣传栏、企业内外网等传统阵地，也要紧跟时代的发展，将图文影像资料立体化呈现。适当采用VR漫游、隔空互动等沉浸式体验技术，寓教于乐，使职工群众在春风化雨、润物无声中接受新思想、感受新理念。同时，在阵地建设中要树立系统性思维，确保建设过程做好谋划、管理过程建章立制、使用过程结合实际，才能使阵地品牌创得硬、叫得响。

二、要注重站稳立场，弘扬正气，唱响“主旋律”

在阵地建设过程中，要突出政治功能，高扬党的旗帜，当好伟大建党精神和党的先进思想的“播放机”“扬声器”，切实让党的声音在国有企业响彻。同时，要聚焦优秀传统文化、红色历史故事、企业外部环境以及行业发展形势等，借助阵地宣传好企业文化、奋进故事和社会责任，全面树好企业良好形象，使阵地成为基层党组织宣传党的思想、团结动员群众、沟通企地内外、推动企业发展的重要载体。

三、要注重全员参与，凝聚共识，打造“主力军”

在阵地建设过程中，要加大对宣传人员政治素养和理论水平的教育培养力度，着力锻造一支信念过硬、政治过硬、能力过硬、责任过硬的政治宣传队伍，确保队伍不出杂音、不放噪音、不跑调子。同

时，要逐步把“主力军”范围拓展至一线普通职工群众，号召他们自觉增强对企业文化的思想认同、情感认同，鼓励他们主动学习积极宣讲，为凝聚思想共识、汇聚发展力量发挥积极作用。

（执笔人：陈乡阳）

“WE来引力场”：激发文化兴企新活力

○ 宁波市轨道交通集团有限公司

○ 宁波轨道交通4号线

背景介绍

宁波市轨道交通集团有限公司（以下简称：宁波轨道交通）成立于2006年，专业从事轨道交通、市域（郊）铁路建设、运营和开发，形成了“以轨道为主体、地面公交为网络”的现代公交体系，有效支撑基础设施互联互通和区域一体化发展，充分发挥在构建城市交通网络和发展城市格局方面的重要作用。公司下设10个部门、13家分（子）公司，职工16000余人，先后荣获全国文明单位、中国土木工程詹天佑奖、国家优质工程奖等荣誉。

2016年，宁波轨道交通“企业文化中心”开馆运营，建筑面积1.4万平方米，设有WE来剧场、品牌文化展厅、共享书吧、思政工作室，以及游泳馆、篮球馆、羽毛球馆、网球馆、乒乓球馆、健身房等文体活动场馆。2022年，针对青年职工占比高、思想活跃等特点，宁

○ 宁波轨道交通企业文化中心“WE来引力场”

波轨道交通对企业文化中心进行整体提质升级，建成了集党群活动、教育培训、职工服务于一体的开放式、集约化、共享性的综合型企业文化场馆——“WE来引力场”。“WE来”即“面向未来”，向党员及广大群众发出诚挚邀请；“引力场”寓意在党建的引领下，对职工的吸引和聚合，不断激发文化兴企新活力。2022年12月，市轨道交通集团获评“省级企业文化中心”。

主要做法

一、拓宽“文化育人”载体，打造双融共促新高地

坚持把树立新时期企业价值导向作为文化兴企的切入点，实现“WE来引力场”与“党群服务中心”双融互促，全面展示宁波轨道交通党建工作做法、经验和成效，强化党员干部理想信念教育。在企业文化中心内的WE来剧场、共享书吧等场馆，深入开展社会主义核心价值观学习教育，使之成为员工筑牢信仰之基、补足精神之钙、把稳思想之舵的阵地。积极整合内部力量，构建“领导班子+中层干部+党支部书记+80、90、00宣讲员”队伍体系，通过一线专题宣讲、一线交流研讨等方式，广泛开展主题宣传教育、企业文化宣讲、红色经典诵读等理论宣讲。充分发挥80后、90后、00后轨道青年讲师才干，制作10余部经典宣教课程，讲好经典故事、当好巧喉舌、传播好声音，并运用互联网、智能移动终端、电梯屏等线上线下媒介传播功能，在推动学习资源下沉一线的同时，有效凝聚职工奋进共识。

二、建好“铸魂强能”平台，打造思政建设主阵地

为更好满足企业职工人才队伍快速发展的需求，公司在“WE来

引力场”创新打造思政辅导员工作室。2021年，宁波轨道交通在市属企业中首次实行“思政辅导员”制度，选派从事政工岗位或有政工相关经历的党员中层干部等担任思政辅导员，深入基层一线，与职工面对面、心贴心，开展政治教育、政策宣贯、帮扶引导、调查研究、廉洁宣讲等工作。在强化思政教育的同时，掌握职工思想动态，帮助基层党组织和一线部门查找问题、分析研究、改进管理和协调解决基层职工遇到的实际困难。此外，针对公司年轻人多、新员工多的现象，策划了一批以“在状态、负责任、讲诚信”“爱岗位、爱家庭、爱企业”为主题的精品思政活动，大力营造和谐氛围。

三、发挥“典型引领”作用，打造劳模专家孵化地

为充分发挥劳模专家的示范引领作用，公司把建立高素质员工队伍作为企业强化和体现资源优势的重要内生动力。“WE来引力场”以劳动竞赛为主线，大力培养和选树“技术能手”“首席工人”等劳模工匠，每年开展大规模岗位练兵技能比武活动。坚持孵化培育新才，打造“我们这YOUNG说”等青年典型示范品牌，展示轨道标杆青年风采，通过专题研讨、专项攻关、座谈交流、经验分享等形式，构建宁波轨道交通提质增效、难题攻关、人才培育的新阵地。建立员工“多通道”发展体系，将单一的职业发展通道调整为管理、职能、技术、技能等多通道并行的职业发展体系，并突出绩效导向，将绩效考核结果与晋级相挂钩，一定程度上改变了传统职场拼资历、熬年限现象，加快优秀年轻员工成长成才进度。

四、坚持“办好实事”理念，打造员工关怀幸福地

城市轨道交通行业安全生产压力大、工作任务重，常态化实行“三班倒”“四班倒”工作机制。特别是电客车司机，大部分时间处于密闭、黑暗的工作环境中。鉴于此，“WE来引力场”有效运用思政辅导工作室、心理咨询室等平台，对外选聘专业心理咨询师，每年定期开展心理咨询培训、一对一心理辅导。“WE来引力场”还设置了理发室、干洗店等各类服务场所，有效解决员工生活所需；设置篮球、网球等场馆以及开展形式多样的文体活动，让职工实现精神富足。2021年以来，宁波轨道交通联合市教育局和周边学校，连续3年开办暑期公益托管班，共计托管职工子女113名，让外地职工和双职工家庭没有后顾之忧。此外，定期开展“中医健康走进企业”活动，及时慰问生病、住院、生育职工，为困难职工送上补助，全心全意解决“急难愁盼愿”问题。

成效和启示

一、要持续营造关心关爱的浓厚氛围，为员工筑起“心灵港湾”

思政工作已经成为宁波轨道交通基层党组织的一项经常性、基础性工作。集团中层干部和公司领导班子、车间主任定期走近基层员工，了解职工所思所想所需，化解潜在的思想风险隐患，营造职工与宁波轨道交通共同成长的良好发展氛围。截至目前，集团公司已选派16名政治素质好、领导能力强的思政辅导员和31名思政辅导员助理，赴35个一线车间班组，辅导一线职工3000余人次，解决各类实际问题200余个。

二、要持续激发文化强企的澎湃动能，为企业增添“新兴元素”

“WE来引力场”坚持以品牌为引领、以活动为载体，聚焦榜样示范、典型引领，大力弘扬社会主义核心价值观，凝聚企业发展正能量，有效提振了员工精气神。特别是在新一轮国企改革背景下，充分利用“WE来引力场”的主体作用，举办了涵盖田径、趣味运动、台球、乒乓球、篮球、羽毛球等项目的首届运动会，积极为员工提供展示自我的平台，有效促进集团与各分（子）公司员工之间的交流和沟通，为推动企业改革发展平稳有序提供坚强保障。

三、要持续树牢全生命周期的管理理念，为改革发展注入“内生动力”

在“WE来引力场”的有力推动下，企业文化深度融入宁波轨道交通改革发展和生产经营的全过程。同时，公司通过不断细化、固化、优化、强化过程管控，时刻保持企业文化工作常做常新，及时把工作中创造的成功经验和有效做法用制度形式固定下来，切实保证企业文化工作有实效、出长效，真正以改革发展的实际成效来检验企业文化建设的实际成果，形成了一套可复制、可推广的企业文化建设赋能高质量发展的方案。

（执笔人：熊光祥　宋诞资）

以“浙里红”激活企业文化软实力

○ 浙江省旅游投资集团有限公司

○ 浙江省旅游投资集团有限公司开展职工活动

背景介绍

浙江省旅游投资集团有限公司（以下简称：浙旅投集团）成立于1999年，重点布局大旅游、医疗健康服务、人力资源服务三大领域，是浙江省级旅游产业发展投融资主平台和服务全省文旅产业高质量发展的主力军，旗下拥有12家二级企业，职工10000多人，位列中国服务业企业500强和中国旅游集团20强。

浙旅投集团坚持以习近平新时代中国特色社会主义思想为指导，深入学习贯彻习近平文化思想，全力推进“全企一体、双融共促”，积极践行国企新风尚，立足企业特点和工作实际，坚持党建统领，全力推进集文化指引、职工服务于一体的“浙里红”融合型载体平台建设，进一步提升了广大职工归属感和荣誉感，增强了凝聚力和向心力，为集团改革发展营造了良好文化生态。

主要做法

一、突出党建引领，培育“浙里红”党建品牌

浙旅投集团始终坚持理论武装同常态化长效化开展党性学习教育相结合，引导党员干部不断传承红色基因，赓续红色血脉。在企业文化载体建设中，着重突出“浙里红”党建品牌，立足浙江“三个地”，围绕守好“红色根脉”，发挥集团作为全省旅游产业发展投融资主平台的优势，挖掘整理深厚红色文化积淀。着力打造红色党建品牌，形成涵盖红色教育、红色直播、红色物业、红色培训、红色驿站、红色

公益的党建品牌体系。通过在企业文化展厅展示“浙里红”红色教育系列产品、开展“浙里红·潮”红色文旅直播、组织“浙里红”红色培训、推出“浙里红”公益医疗服务等方式，逐步培育“浙里红”企业文化，提升广大职工归属感。

二、注重传承发展，着力加强企业文化建设

在浙旅投集团组建一周年之际，发布了企业文化体系，确定了“美好生活创造者”企业使命和“中国一流旅游服务领军企业”愿景。通过公开征集、全员参与、员工访谈、研讨交流、专家论证等方式，提炼了“致和、至诚、尚新、笃行”企业核心价值观和CREATOR创造者体系。积极制订发展规划、建立健全制度、编印文化手册，推动企业文化有力践行。建立定期务虚研讨、联动部署，协调联动、合力推进机制，将企业文化建设与集团中心工作同部署同推进，形成齐抓共管的工作格局；研究制订企业文化建设中长期规划，公司内部印发了《加强和改进企业文化建设的意见》，同步建立实施检查、督导、考核、评价机制，将企业文化建设考评作为党建考核的重要内容并统

○ “浙里红”青年宣讲活动

筹组织实施，推动和保障企业文化工作有效落地、落实；持续深化企业文化价值体系建设，编印《企业文化手册》，全面展示企业核心价值观、使命愿景、工作作风、工作态度、社会责任以及经营管理理念等；开展系列文化宣贯活动，利用电子屏滚动展示文化宣传海报视频和廉洁文化提醒，延伸“文化触角”，全方位宣传企业核心价值理念，强化对广大职工的文化熏陶。通过不断探索实践，集团逐渐形成了以高质量党建引领企业文化建设、以优秀企业文化推动高质量发展的良好局面。

三、加强阵地建设，注入企业发展内生动力

在集团“十四五”发展规划中，突出文化旅游、文旅融合、诗路文化带，强化“创业创新”“融合协同”等文化建设，构建以企业文化为核心竞争力的内生动力系统。注重培育营造浓厚的“家和”文化，加强对二级企业的企业文化建设指导工作。实施集团“文化强企”战略，增强企业文化引领，推进集团高质量发展。在企业文化中心载体建设过程中，充分发挥了员工的主体作用，挖掘和实现员工的心理诉求，努力做到真正给员工带来快乐幸福，让员工情感上获得满足感，精神上获得成就感，从而形成干事成事的行动自觉。以企业文化中心为平台，持续开展职工喜闻乐见的沙龙活动，例如组织文化专题培训、讲述身边故事、青年演讲比赛、文化座谈会等，多角度宣传展示集团企业文化和品牌特色，让每个人都成为企业文化的传播者和建设者，增强员工的“主人翁意识”，巩固员工的“主人翁地位”，不断丰富“致和、至诚、尚新、笃行”文化精神内涵，使企业文化实现人格化承载、故事化诠释。

成效和启示

一、打造特色党建品牌，为企业发展凝心铸魂

浙旅投集团在省委宣传部、省国资委的正确领导下，高度重视党建品牌的打造工作，为浙江“红色根脉”金名片打造赋能。集团每年举办党建品牌创新大赛，高质量举办“浙里红”品牌发布仪式，积极推进“一企一品、一支部一特色、一党员一闪光”活动，形成打造党建品牌的浓厚氛围。始终坚持党建与发展的深度融合，不离开发展搞党建，不把党建搞成单纯的党务。集团旗下的浙江浙勤集团打造红色物业、红色培训，浙江外事旅游公司设立红色大巴、西湖红舫，浙医健集团开设“仁馨小屋”，浙江省中国旅行社集团开展社区公益，浙江省人才发展集团开展“才助共富”，浙旅投数字科技有限公司研发“蝶来民宿平台”助力山乡共富……都是围绕发展进行谋划实施，使党建品牌充满生机活力，不仅为党建工作赋能，更为企业发展赋能，形成了高质量党建引领高质量发展的生动格局。

二、构筑企业文化阵地，为品牌传播汇聚势能

突出企业文化阵地建设，让全体员工更加乐于接受和易于认同集团企业文化，让“致和、至诚、尚新、笃行”成为员工的共同目标、精神底色，让员工的自我价值在企业发展和壮大过程中得到不断提升，让创新因子从企业文化中心扩展到员工个体再扩展到团队。在此过程中，个人潜能在企业文化中不断释放、汇集，集体智慧在全员群策群力下提升、转化。集团旗下的浙江省人才发展集团入选国务院、国资委“双百企业”，雷迪森酒店集团位列全球酒店集团200强第47位，浙医健集团获评2023年浙江省康养行业领军企业（机构）称号，不同分公司的特色发展为浙旅投集团构建新发展格局汇聚了强大势能。

三、打造企业文化体系，为人才队伍筑牢根基

企业文化体系的打造旨在让广大员工能够沉浸式感受企业文化氛围，激荡起广大职工攻坚克难的勇气、开拓创新的士气和不断进取的志气，打造出一支“思想过硬、技术出众、纪律性强、特别能吃苦、特别能战斗、特别能奉献”的铁人式队伍。近年来，集团劳模辈出、群英荟萃，获得全国劳动模范、省级劳动模范、浙江省五一劳动奖状、浙江工匠等荣誉的员工突破9位，涌现出雷迪森援沪专班等先进集体。广大职工在工作上有方向、情感上有归宿、事业上有成就，成为集团改革发展最强劲的力量。

（执笔人：张　占）

以"光明"文化践行"电等发展"嘱托的探索与实践

○ 国网浙江省电力有限公司绍兴供电公司

○ 国网浙江省电力有限公司绍兴供电公司文化馆

背景介绍

国网浙江省电力有限公司绍兴供电公司（以下简称：绍兴电力）是一家有着“光明”基因的公司。1939年，周恩来同志为5位绍兴电力青年题写“前途光明”“光明在前”“光明灿烂”“无限光明”“为光明而奋斗”等5幅题词，是电力行业独特的红色资源和精神瑰宝，为百年电力发展留下了“光明”烙印。2003年，时任浙江省委书记的习近平同志提出了“电等发展”重要嘱托，揭示了电力工业发展的客观规律，饱含着对电力企业在服务大局中当好先行者的殷切希望。

绍兴电力深入学习贯彻习近平新时代中国特色社会主义思想，聚焦“百年电力”和“浙江地域”两个坐标，深入挖掘传承周恩来“前途光明”等5幅题词所蕴含的精神价值，开展以“光明文化”践行“电等发展”嘱托的探索与实践，带领和团结全体党员员工将追求光

○ 公司举行“学习周恩来崇高品德”党建联盟暨“牦牛背上的电站”公益项目启动仪式

明的信念转化为践行“电等发展”的行动自觉。公司连续6届蝉联“全国文明单位”荣誉称号，荣获全国电力系统首届“安全文明双达标单位”“全国一流供电企业”“国际一流供电企业”称号，获全国五一劳动奖状、全国工人先锋号、全国电力文化品牌影响力企业、浙江省企业文化建设示范单位等荣誉。课题“百年电力的‘光明’基因传承”入选全国基层思想政治工作优秀案例名单。

主要做法

一、突出传承发展，探索“有声有色”的文化铸魂载体

传承基因特质。绍兴电力将“前途光明”题词所蕴含的精神价值与电力企业文化、地域文化深度融合，提炼形成“心向光明、行诺万家”的精神内涵和“不忘初心、追求光明的坚定信仰，敢为人先、守正创新的执着追求，精细务实、专业专注的敬业态度，久久为功、坚持坚守的优良作风”的精神特质。屡次召开学习传承“光明”题词精神座谈会，编制出版中小学爱国主义教材《追寻光明》，让“光明”题词成为文化实践的“活教材”。

讲好“光明故事”。建成以入选首批中央企业红色展馆、浙江省省级企业文化中心名单的“光明馆”为主阵地，以红船·光明书舟、红船·光明驿站、红船·光明之路、红船·光明学堂等为子阵地的“1＋N”光明文化格局，制作播出相关广播剧并在中央广播电视总台播出，线上线下同步讲述百年电力的“光明故事”，推动思想文化引领从“聚人气”向“聚人心”转变。“光明馆”累计线上线下接待参观3万余人次。

丰富文化传播。实施“文化铸魂、文化赋能、文化融入”专项行动，常态化开展“企业文化月”主题活动，深化“引领·传承·实践”光明主题传播，创新策划开展“沿着红色足迹学党史”主题党日活动、基层党支部“光明诵”、老党员口述历史等实践活动，积极探索与图书馆、文化站、文化礼堂的交流机制，努力在共同富裕中实现文化先行和精神富裕，推动文化活动由“表”及“里”。

二、聚焦凝心赋能，实现“共情共鸣”的文化融入效应

实施“光明·凝心”行动。注重发挥文化凝心聚力作用，固化“书记谈心日”“三维五步法”等优秀做法，实施“自身要公正、事前要摸清、坐得下板凳、打得开话门、事后有回应”的“枫桥式”思想政治工作，开展职工喜闻乐见的主题活动，深入共建和谐企业，构建和谐电力，营造凝心聚力、心齐思进的良好氛围。

实施“光明·赋能”行动。充分发挥支部的战斗堡垒作用，一体化推进“党建＋”工程，积极构建“联建＋共建”“清单＋项目”“考核＋晾晒”的管控模式，建立“书记（委员）挂帅、支委协作、党员攻坚”的联动机制，在重大保电、疫情防控、抗灾抢险、项目攻坚等重点任务中打出文化赋能发展“组合拳”。

实施“光明·护航”行动。连续6年构建以“责任心”为主线的“党建＋安全”文化体系，实施党员身边“无违章、无隐患、无违纪”活动，开展“责任、作风、先锋”三项“亮剑”行动，淬炼“有感领导、有为党员、有责员工”队伍，圆满完成杭州亚运会保电、中国共产党成立100周年庆祝活动保电等重大保电工作，守好筑牢抢险救灾“光明防线”。

三、注重实际实效，构建“借势借力”的文化赋能模式

头雁队伍“立得住”。深化先进典型培育、选树、弘扬、激励全链条的示范引领作用，积极选树“中国好人”、浙江省道德模范、“最美员工”等先进典型，遴选“红船·光明文化使者”、宣讲团等传播

典型，推动文化故事化呈现、人格化承载。

服务名牌“叫得响”。深化“闪耀党建红、点亮国网绿”特色实践，持续深入“我为群众办实事”，深化“民情日记”等优秀电力做法，开展“亚运保电先锋行”等“人民电业为人民”专项行动，打造红色“电先锋”、为民“电雷锋”、平安“电警察”、政府“电参谋”、安全“电卫士”、连心“电保姆”、电力“老娘舅”、客户“电管家”八支队伍，打通服务群众“最后一公里”。相关做法入选中组部党员教育典型工作案例。

志愿服务“传得开”。深化新时代文明实践，探索“红船·光明驿站”赋能计划，建好用好新时代文明实践站点，建立驻村、驻企、驻社区志愿服务队，利用“乡村大脑”智慧电力平台等载体，主动提供便民、利民、惠民等志愿服务。实施“文化成果共享互鉴行动”，深化“厕所革命”“光明天姥电工”“牦牛背上的电站”等优质志愿服务，推动光明文化和文明实践有机融合、交相辉映。

成效和启示

一、红色基因是新时代加强和改进国有企业思想政治工作的宝贵财富

跨越时空的价值理念能够有效发挥出历久弥新的教化力、塑造力，赋予企业思想政治工作新的活力。绍兴电力持续挖掘百年电力行业发展历程中孕育凝结的“前途光明”等题词红色资源，讲好红色基因背后的历史故事，为国有企业思想文化工作守正创新探索出一条有效路径。

二、党内政治文化是建设与国有企业改革发展相适应企业文化的重要引领

立足国有企业“姓党为民”本色，打造满足行业价值追求、符合企业改革发展、展现职工精神特质的优秀企业文化体系，有利于彰显国有企业的“中国特色”，提升文化软实力，助力国有企业高质量发展。传承百年电力“光明”红色基因，在实践中积极发挥文化铸魂、融入、赋能作用，引导广大干部职工想为敢为、勤为善为，为企业高质量发展凝聚强大精神力量。

三、价值转化是增强新时代国有企业思想政治工作生机活力的动力引擎

挖掘传承红色资源背后的“价值逻辑”，打造输出红色动能的思想文化“引擎”，有利于构建国有企业改革发展的良好氛围，切实提高企业效益、增强企业竞争力、实现国有资产保值增值。对“光明”题词等红色电力资源的精神价值的探索，焕发了新时代国有企业文化工作活力，契合了“人民电业为人民”的企业宗旨，彰显了“忠诚担当、守正创新、追求卓越、奉献光明”的电力精神，有力提升了国家电网“国之重器”的责任形象。

（执笔人：杜晗晗　吕源初）

案例

05

山海同心，乘文化之翼，蓄发展之力

○ 浙江交投矿业有限公司

○ 浙江交投矿业有限公司矿区外景

背景介绍

浙江交投矿业有限公司（以下简称：交投矿业）成立于2017年，是由浙江省交通集团下属的浙江省交通投资集团有限公司和舟山市属国资舟山市畅道交通投资集团有限公司共同出资组建。交投矿业把企业文化建设与具体业务相结合，强化人才队伍建设，提炼企业文化理念，通过挖掘“绿矿红匠”“山海廉音”“山海之家”“山海红匠”等文化品牌，不断丰富文化内涵，激发员工活力和创造力，促使企业文化建设赋能企业高质量绿色发展，不断将践行“八八战略”的坚实脚印转化为交投矿业的担当底色。

主要做法

一、完善“三大系统”，打造企业文化“风向标”

一是价值理念系统。印制发放《集团员工职业操守指引》，确保全体员工人手一册，弘扬省交通集团“五铁”精神、“尚实、求实、务实、扎实”的工作作风和“以快取胜、以质取胜、以新取胜、以稳取胜、以强取胜”的经营理念。及时总结、优化员工价值理念，真正使“三同”文化进头脑、入思想、见行动，打造“有精神、有品位、有尊严、有情怀、有故事”的“五有”交投矿业人。二是形象识别系统。设计、实施矿山VI视觉识别系统，定制印有企业Logo标识的工作服、标识牌、办公用品等，通过电子显示屏对企业文化宣传片滚动播放，制作统一的企业文化产品，广泛宣传开展企业文化建设的意

○ 浙江省交通投资集团舟山区域工会联盟揭牌仪式

义、作用，不断导入、传递视觉形象识别系统内涵，加快职工对公司的经营理念和企业文化的理解和认同。三是品牌建设系统。建设“浙交矿业”企业品牌体系，陆续创建“绿矿红匠”党建品牌、“大皇山矿”产品品牌、“山海廉音”廉洁品牌、“山海红匠”职工品牌，初步形成公司品牌矩阵。2021年，公司入选“中国重大工程推荐品牌”，连续两年被上海石材行业协会砂石分会授予“五星级金牌供应商”称号，公司文化软实力、产品竞争力和品牌影响力日益显著。

二、培植“三大优势”，筑牢企业文化“主阵地”

一是主流价值观。营造积极、健康、向上的企业工作氛围，弘扬正能量、铆足精气神。打造心灵驿站，定期为员工开展心理咨询服务，推行自我释压设计和心理健康管理。公司每年组织评选“最美工匠”，每月评选“风华矿匠”，广泛宣传典型事迹，用榜样的力量鼓舞人，用先进的事迹激励人。发扬“掉皮掉肉不掉队，流血流汗不流泪”的交投铁军品格，营造全员“为荣誉而争，为事业而战”的氛围。二是核心竞争力。立足高质量发展，强化责任担当，通过做强管理链、做优价值链来增强统筹观念，培植系统思维，提高管理水平。组织员工开展职业资格培训、考证工作，着力培养职业化员工、职业化团队、职业化企业，确保个人有提升、团队有实力、企业有实绩。公司长期形成的、蕴含于企业内质中的、企业独具的核心竞争力得到显著提升。三是社会美誉度。注重高质量、可持续发展，勇担国有企业社会责任。公司投资1000余万元，建设一条长约4公里、连接大皇山矿区和北岙水库的地表引水工程，不仅解决了矿山用水问题，更为册子岛3个经济薄弱村合计增加年收入200余万元。2022年，为助力建造方舱医院保供40余万吨高品质砂石，为筑牢疫情防线做出了浙江交投贡献。

三、构建“三大体系”，描绘企业文化“风景线”

一是目标责任体系。通过与上级公司签订经营、党建、安全等责任书，做好重点工作分解，定目标、定责任人、定工作举措、定落实期限，实行挂图作战，亮承诺、亮责任、亮业绩，做到月月有目标、层层有任务、人人有责任。执行最严格的绩效考核、最严厉的效能监察、最严肃的责任追究，做到上有部署、下有作为。二是风险控制体系。建立风险识别、量化、评价、控制、监督流程，形成较完善的市场、法律、会计、决策分级风险管控体系，结合检查巡查、内部审计、监事监督，使公司经营风险均在可管控范围。根据运行情况，每年调整危害程度、发生概率权重，建立、完善相关制度，实行动态管理，为公司安全、健康、可持续发展提供了可靠保障。三是文化学习体系。号召员工把读书当作终身课题，建设一主四辅的“两屋两吧一室”职工书屋，该书屋共计占地面积355平方米，藏书3796余册、电子音像制品103种、期（报）刊11种、电子阅读账号3种。每两月组织1期读书活动，先后开展了“书香溢交投　悦读好时光”“全员悦读　书香逸矿”“诵读红色经典　筑梦砥砺奋进”主题读书沙龙，为员工提供了富足的精神食粮，让传统的采矿工人渐显儒雅风采，让浓浓书香飘溢在公司每个角落。

成效和启示

交投矿业以文化融合为举措，谋定战略目标，将文化融入生产经营、创新发展、管理效能、品牌影响各方面，经过管理实践，有效提升了企业综合竞争力，为实现高质量发展打下了坚实基础。

一、以党的建设引领企业文化发展，方能创造砂石行业的“交投速度”

交投矿业用党的先进思想和理念引领企业文化发展，并将其融入生产经营当中，坚持围绕生产抓党建、抓好党建促发展，做到党建和生产经营比翼双飞、党建和企业文化相辅相成，让红色生产力在企业发展中有形、有为，全力助推企业高质量发展。公司上下勠力同心、目标明确，最大限度推进生产经营，创造了砂石行业的“交投速度”。自2020年5月全面投产以来，交投矿业先后开展“百日攻坚”“奋战六个月”等活动，接连克服疫情形势严峻、终端市场需求不振的冲击，实现年产销砂石骨料超2000万吨，一跃成为华东地区领先的凝灰岩供应商。

二、将企业文化和主责主业相融合，才能树立智能化绿色矿山“浙江样板”

交投矿业将企业文化建设提升到企业发展战略层面，积极从“制度保障、作风建设、品牌建设”三个层面探索企业文化的精神内核。依托“山海同心”企业文化，激发不竭创新活力。公司积极探索现代化矿山的特点，着力推进数字化、智能化建设，全面树立智能化绿色矿山“浙江样板”。公司成立砂石骨料研究院，完成专利申报36项，取得9项专利和6项软件著作权，以全省最高分通过国家绿色矿山验收和省自然资源厅智能化绿色矿山试点创建验收。公司打造数字矿山管控平台，使矿山生产的单位能耗持续下降，因此入选浙江省2022年度节水标杆企业名单，成为忠实践行“绿水青山就是金山银山”的范本。

三、用人才建设激活企业文化，就能形成可复制可推广的“矿山经验”

交投矿业积极发挥企业文化所具有的凝聚作用、导向作用和规范作用，在企业与员工之间建立起协同发展、和谐共生的关系。通过不同途径最大限度提升员工的能力，让员工从情感上接受企业价值观。公司品牌建设成效显著，企业形象也在省内甚至在全国范围内不断提升，初步形成了系统的、可复制推广的以企业文化助力生产经营、人才培育、企业管理的“矿山经验”。通过近两年基层企业文化品牌的创建和运行，公司企业文化的激励、辐射功能得到有效发挥，获评“浙江省模范职工小家”称号。

（执笔人：张礼翔　陈　璐）

以党建引领助推企业文化体系化建设

○ 传化集团有限公司

○ 传化集团有限公司大厦

背景介绍

传化集团有限公司（以下简称：传化）是一家多元化、多品牌、全球化的现代产业集团，布局传化化学、新安化工、传化物流、传化农业、传化科技城等业务，下属传化智联和新安股份两家上市公司，产品服务覆盖130多个国家和地区。2023年集团实现营业总收入1452亿元，名列中国民营企业500强第53位、中国企业500强第181位。

“以人为本、创新奋斗、健康阳光”是传化文化的魂，也是传化人践行文化的独特气质。创业38年来，传化从无到有、从小到大，从一个家庭小作坊发展为多元化、多品牌、全球化的产业集团，努力实现党组织和经营组织深度融合、齐抓共管，以高质量党建引领高质量文化建设，把企业文化逐步转化为创新发展的动力和保障。

○ 传化集团有限公司青年自行车队

主要做法

一、坚持党建铸魂、以人为本，为企业高质量发展凝心聚力

传化以高质量党建引领发展，将人本文化转化为员工创新奋斗的动力和源泉，建立“事业以人为本、发展以人为先”的用人理念，打造“企业把员工放在心上，员工就会把发展企业的责任扛在肩上”的和谐文化。在倡导员工与企业齐奋进、共成长上，传化努力做到以下三点。

一是把提升员工知识技能、人岗匹配度与价值创造能力放在首位。持续完善任职资格体系，建立员工成长发展通道机制，制定“员工、专家、干部”三支队伍建设计划，构建“青年预备、骨干、领英、栋梁”四层人才梯队，开展岗位历练、技能比武、项目担当等多样化人才历练活动。公司每年培训投入超千万元，每位员工年均培训超45课时。

二是建立员工收入与企业效益同步增长机制。激发员工在价值创造中的激情与活力，让价值创造的贡献者、奋斗者得到更多回报。着重强调“员工收入增长进一步向一线倾斜”的原则，建立企业绩效、部门绩效、岗位绩效层层穿透机制，在各领域深化工效挂钩、推进增量分享，让员工共享企业发展成果。员工收入年均复合增长10%以上，超过10%的员工成为企业的合伙人。

三是加强员工思想、权益、生活等全方位保障。推进“一访三问”全覆盖，设立“员工心声”平台，倾听员工心声与需求，化解员工思想困惑。投入数亿元提升设施智能化、数字化水平，改善员工工作环境，建设职工公寓。关心关爱困难职工，推出覆盖全员的“传爱计划”。落实职工代表大会、厂务公开、民主听证会等制度，对涉及职工权益的重大事项，充分听取意见并提交职代会审议，保障员工

"四权"。

二、坚持党员示范、创新奋斗，为企业可持续发展增添动力

在传化近40年的发展过程中，创新奋斗是不变的底色。不管碰到多少问题和困难，传化始终保持着"有问题就用创新奋斗的思路去解决，有困难就拿出创业激情去克服"的工作作风。

一是推动产业创新。传化始终发挥民营企业创业创新的重要主体作用，主动布局前沿技术，推动核心技术自主创新，努力成为研发主体、创新主体、产业主体，加快发展新质生产力。传化首创"公路港"物流模式，推动中国物流行业商业模式创新。打造以生物技术产业为核心的科创平台，形成生物技术产业集聚、科技创新集聚"双平台"。联合"政企村农"多主体合力打造"谢径安·传化农创村"，探索践行"以平台模式推动乡村一二三产融合发展"的独特之路。

二是厚植创新土壤。对外，传化持续开展高水平的学术论坛，形成更高效的线下线上交流平台，积极成立各类产业技术论坛，通过论坛的技术共享助力产品诞生；打造传化科学家交流平台，鼓励跨区域、跨领域的科研人员走上讲台，围绕科学话题进行分享和对话，以不同视角探讨科学热点、碰撞思想火花，凝聚产研协同的创新力量。对内，两年一期的传化集团科技大会成为固定机制，为企业搭建展示科技创新成果的平台；通过方向指引、体制创新、经费扩增，不断激励科技工作者勇攀高峰；注重提升管理者的科技素养，形成尊重知识、尊重创造的组织氛围。

三是营造奋斗成就幸福的环境。组织开展"践行价值创造为本的幸福员工"主题活动，传递"奋斗成就幸福"的理念，让员工懂得在优胜劣汰的市场运行规则中，平庸混日子只会令人丧失生存能力；让企业经营管理者懂得依法依规协调员工利益矛盾，不能无底线原则地协调员工利益关系。聚焦新质生产力发展目标，在营造奋斗文化氛围上发挥实质作用，把弘扬奋斗精神、激发组织活力贯穿于党群工作安

排中，形成具体工作举措，更好地激励党员担当示范，引领推动形成全员文化自觉和行动自觉。

三、坚持从严治理、健康阳光，为企业行稳致远保驾护航

传化在发展上追求风清气正，在队伍上要求一身正气，在员工面貌上要求保持朝气蓬勃、昂扬向上、阳光灿烂的状态。同时，注重全面增强集团上下的组织纪律性、执行力、战斗力，鼓励大家积极建言献策、贡献智慧、高效行动。

一是厚植“清廉”基因。在党群监督、审计监察、职务问责立体监督体系的基础上，针对管理层出台《领导干部廉政守则》《中高级管理人员在经营活动中的回避规定》《部门负责人重大事项报告制度》等，扎紧扎密“制度笼子”；针对一线员工，出台《纪律监察工作条例》《职务问责办法》《“不作为”党员预警谈话》等规定，进一步划清从业行为红线。同时，与上下游的供应商、企业签订廉洁合同、廉洁协议书，共同营造崇廉尚洁的发展生态；运行“阳光传化”平台，受理员工举报投诉，以“清廉传化”月刊为媒介，厚植清廉文化基因，赋能企业高质量发展。

二是推进“亲清文化”。为了保障企业实现“正道、正气、阳光”发展，传化将清廉因子持续注入企业和谐发展全过程，积极培育“干部清正、企业清廉、政治清明”的“三清”企业文化。在企业内部，每年通过组织参观红色教育基地、评选表彰优秀共产党员、签订廉洁承诺书、召开廉洁从业座谈会等，凝聚诚信廉洁、守法经营的思想共识。在政商交往方面，连续10年参与区委、区政府组织的清廉企业圆桌会、企业专场警示教育等，带头联合10余家知名企业登报倡议在政商交往中遵守不宴请、不送礼等“五不”原则，引领社会各界增强对亲清政商关系的认同。

三是鼓励全员创造价值。鼓励员工发挥主观能动性，在企业重点项目、创新创造、技术攻关、文化建设、班组建设等工作中充分激发

智慧与活力，让员工在自主管理、自我驱动、自我实现中获得成就感与幸福感，践行传递“创造成就幸福”的价值理念，形成有前景、有干劲、有效率的良性循环。通过“员工追梦”行动、星级“职工小家”创建、员工合理化建议、改善提案等活动，激发每位员工立足岗位创新创造的干事激情。近5年，传化培育以员工名字命名的创新工作室18个，完成攻关项目及创新课题600多项，开展合理化建议、职工提案、最佳实践案例等101345项，产生直接经济效益5800多万元。

成效和启示

一、企业文化需要与时代同频，与时俱进、推陈出新

传化紧扣形势发展，把握时代步伐，推出符合时代需求和企业发展实际的企业文化。1986年，在企业起步阶段，营造“家”文化氛围，老板与员工同吃同住，凝聚人心、共同成长；1992年，在企业发展阶段，主动打破家族管理、家族文化，走市场化现代化企业道路；2000年，在企业多元化产业发展阶段，围绕“做有社会责任感企业”理念布局企业文化；2015年至今，全面升级企业文化，树立“成为时代的杰出企业”的使命愿景，营造创新奋斗文化，助推企业高质量发展。

二、企业文化需要与业务相融，分级负责、有序推进

传化的企业文化始终与企业生产经营紧密结合，企业发展到哪一步企业文化就跟进到哪一步。公司始终秉持“业务以战略为导向，思想以文化来引领”的价值理念，上下一心。企业高层通过身体力行积极推动企业文化落地见效；各级管理者，承担企业文化宣导、培训和

检查责任，指导企业文化组织实施；基层员工通过具体实在、切实可行的制度机制，认同并积极践行企业文化。

三、企业文化需要与项目结合，宣贯一体、落地运行

传化每年年初根据生产经营实际，提炼形成年度文化精神主线，并使之成为贯穿全年的核心价值理念，由党群、品牌系统逐季项目化、清单化推进。紧抓舆论宣贯，挖掘业务一线奋斗榜样，开展典型人物报道；通过制作拼搏文化短片、推出“打好收官战”系列报道、编撰文化故事集等，弘扬劳模精神、奋斗精神、实干精神，展现员工积极向上的奋斗面貌。

（执笔人：梁　斌　高丽娜）

案 例

07

“三化三圈”擦亮“红船服务”金名片

○ 国网浙江省电力有限公司嘉兴供电公司

○ 国网浙江电力红船共产党员服务队示范基地

背景介绍

国网浙江省电力有限公司嘉兴供电公司（以下简称：嘉兴电力）成立于1962年，下辖桐乡、海宁、嘉善、平湖、海盐5个县（市）供电公司和南湖、秀洲、滨海3个市区供电分公司，共有员工2501人、供电客户279.9万户，荣获全国文明单位、全国学雷锋示范点、全国五一劳动奖状、国家电网金牌共产党员服务队、浙江省先进基层党组织、浙江省志愿服务先进典型最佳志愿服务组织等荣誉。

作为处于中国革命红船起航地、改革开放先行地、习近平新时代中国特色社会主义思想重要萌发地的国有企业和能源领域的核心企业，嘉兴电力始终秉持“人民电业为人民”的初心，以守好“红色根脉”的担当走好新时代“赶考路”，坚定不移推进“红船精神、电力传承”特色实践，深化“三化三圈”建设，擦亮“红船服务”金名片。

红船精神 电力传承

○ “红船服务”品牌标识

主要做法

一、聚焦品牌内涵“规范化”，拓展社会责任“生态圈”

首创性打造“红船服务”品牌。红船精神的提出，让嘉兴电力人备受鼓舞，掀起了一场弘扬红船精神的大实践。2007年11月，嘉兴电力在南湖红船旁宣誓成立全国首个以“红船”命名的电力共产党员服务队[①]，并于2010年成功注册“红船服务队”商标，开启红船服务品牌化运作新模式。适时提出“一二三四五”品牌战略，即“唱响一个品牌、实施两点联动、构建三大体系、开展四项活动、实现五个统一”，编制《红船服务队组织方案》《“红船服务”品牌工作手册》等工作规范文件。2018年，浙江电力以“红船”主题统一全省电力系统共产党员服务队名称，至今已形成“省、市、县”三级队伍体系，共有“红船服务队”300余支、服务队员5000余名。

探索性打造“红船·光明”矩阵。在南湖畔高质量建设国家电网浙江电力红船共产党员服务队示范基地，使之成为践行“红船精神、电力传承”的服务主阵地。成立嘉兴市电力志愿服务中心，深化“9+N”服务体系，搭建“联系+服务”实践平台，为群众办实事解难题。开展“红船·光明志愿服务”，建立“为民服务日”机制，打造“澡堂革命”“点灯人”等一批优秀志愿服务项目和公益品牌。创建全省首个电力“红船·光明学堂”，率先组建“嘉电红船宣讲团”，推动建设“红船精神、电力传承”的学习驱动平台、弘扬传播平台和素质提升平台，打造了一支过硬的志愿者队伍。

二、聚焦沟通联动“科学化”，扩大红船服务“效率圈”

信息沟通零距离。加强与政府、社区等联动，融入地方网格，聚合资源要素，开展“五联一体化”共建，以街道为单位、以社区为单元，建立11个“红船服务零距离”互动微信群，搭建社区与电力企业的线上交流平台，实现市本级11个街道（乡镇）51个社区全覆盖。入驻政府智慧型城市管理平台，在“微嘉园”移动平台内发布“电力服务”微应用，涵盖党建引领、政策宣传、业务办理、驿站引导、服

① 汪阳、杨佳慧、许玥：《国网浙江电力红船共产党员服务队帮扶那曲电网建设 打通脱贫“最后一公里”》，《人民日报》2020年7月16日，第10版。

务预约、线上互动及志愿招募等多项内容，主动亮身份亮服务，当好居民身边的专属服务队。建成“红船·光明云驿站”，累计访问用户数超20万人次，解决用户诉求500余次，实现“用电服务零跑腿”。

服务半径零距离。为了解决城市半径大、服务时间长的难题，嘉兴电力加强与96345社区服务中心、12345市长热线、市红十字会等互动合作，创新打造35个“红船·光明驿站”，为线上“红船服务零距离”微信群平台做好线下服务团队支撑。推动“网格连心、电力同行”服务机制落地，建立由1名电力网格长、1名电力网格员、若干名志愿服务网格员组成的“1+1+N”服务网格，建成覆盖南湖区的电力服务网格117个，服务用户约54万户。在每月25日设立“网格服务日”，走进社区、园区、农村和企事业单位，开展各类便民利民惠民的专项行动，构建了志愿服务“大面积、小半径”格局，实现“用电问题不出网格”。

三、聚焦增值赋能“精准化”，营造红船服务“爱心圈”

助力乡村振兴。凝聚青春力量，贴心服务“三农”，成立2个乡村振兴“电力驿站”，联合葡萄种植合作社精准计算葡萄在41个作业

○ 国家电网浙江电力（嘉兴）红船共产党员服务队赴四川省实施公益项目

流程、72个原料投入等方面排放的“碳足迹”，助力“碳标签”落地，助推农业产业节能提效。化身“蜜桃仙子”，开展“共富乐桃淘”助农直播志愿服务，带动当地旅游和农产品销售，累计超17000人通过直播间观看、下单。服务城乡融合发展，实现“企村联动”，挖掘当地红色资源，以城乡公交和乡村文化礼堂为载体，线上线下立体开展“红色文化走亲”志愿服务。

关爱“一老一小”。成功创建嘉兴市“敬老文明号”。聚焦老小区失独老人群体，连续16年开展“点灯人”志愿服务项目，对老小区进行适老化改造，亮化7300余个楼道灯，相关行动入选嘉兴市民生实事项目；开展“时光剪切师”志愿服务项目，在浙江嘉兴及西藏地区的112个村为4万余名老人拍摄照片5万余张。创建市级“儿童友好试点单元”。打造“电亮未来科学嘉”青少年电力科普志愿服务项目，累计开展活动20余次，活动服务人数800余名；赴对口支援的四川省阿坝州若尔盖县开展“澡堂革命”志愿服务活动，实施“藏族寄宿制青少年健康生活养成计划”，将暖心服务传递到2000公里之外的雪域高原。

成效和启示

嘉兴电力不断深化实施“红船精神、电力传承”特色实践，通过“三化三圈”擦亮“红船服务”金名片，在赓续红色基因、传承红色精神、传播红色能量的路径探索方面形成了有益启示。

一、赓续红色基因，文化内涵持续提升

将红色基因内化为企业最宝贵的文化内核，不断强化党内政治文

化引领，确保企业文化建设始终保持正确方向，从而获得持久动力。嘉兴电力立足“红船”和“电力”，加强企业文化建设，以守好红色根脉的自觉积极弘扬和践行社会主义核心价值观，坚持业务承载与文化驱动相结合，推动“红船服务”融入政治服务、营销服务、抢修服务、增值服务、志愿服务“五项服务”，不断提高公司发展的文化内涵和职工的文明素养。

二、传承红色精神，服务品质持续提升

讲好红色故事，传承红色精神，让优质服务理念转化为思想自觉和行动自觉，站稳人民立场、厚植为民情怀，打造高质量为民服务的“示范窗口”。嘉兴电力依托“红船服务零距离”互动微信群、“爱心服务卡”和“红船·光明驿站”等形式，丰富电力服务手段，全面开展“红船精神、电力传承”特色实践。通过“一队一项目”实现了服务规范化、科学化、精准化，累计开展服务时长超32900小时，真正做到“人民电业为人民”。

三、传播红色能量，品牌效应持续提升

充分挖掘和活化红色资源，通过激活红色引擎赋能品牌打造全过程，不断提升品牌的表现力、传播力、影响力。十多年来，嘉兴电力“红船服务”特色品牌已成为渗透到老百姓心中的金字招牌。坚持在各项目实施过程中立体式输出品牌价值，提升品牌影响力，先进事迹在新闻联播、《人民日报》、新华社等权威媒体进行报道，“红船服务‘航标’品牌战略创新升级模式”课题入选2023年中国企业品牌创新成果名单。

（执笔人：王新影　汪励雯）

案 例

08

“君子兰”廉洁文化护航内陆电厂高质量发展

○ 浙江浙能兰溪发电有限责任公司

○ 浙江浙能兰溪发电有限责任公司

背景介绍

浙江浙能兰溪发电有限责任公司（以下简称：浙能兰电）是浙江省2004年“五大百亿”工程之一，是浙江省内最大的内陆电厂和浙西南骨干支撑电源，对优化地区电源结构、调节电网稳定具有重要作用。近年来，浙能兰电党委深刻分析发电企业从基建期转入生产期后始终处于转型升级阶段的特殊性，聚焦能源企业项目投资体量大、资金多等廉洁风险点，不断推动清廉国企建设。

浙能兰电深入挖掘地方文化的“源头活水”，发现兰溪市市花“兰花”的形象及花语与企业所追求的廉洁文化价值导向高度一致，因地制宜凝练出了“君子兰”廉洁文化品牌。公司将“君子兰”廉洁文化作为一体推进不敢腐、不能腐、不想腐的基础性工作抓紧抓实抓好，更是将其作为国企推动全面从严治党向纵深发展的重要平台和打造“清廉国企”标杆点的关键要素。

主要做法

一、厚植“君子兰”清廉之土

培育适合“君子兰”廉洁文化的肥沃土壤，让廉洁文化扎根一线。公司建立“一企一部一岗一域”岗位廉洁风险信息库和“清廉兰电”数字化管理平台，编印《发电企业廉洁风险防控手册》《发电企业廉洁风险防控可视化提醒手册》，推进“风险智治”，以有效的廉洁风险防控为廉洁沃土铺上一层“防护网”。同时把“四式监督”（清单式常规督查、协同式专项督查、点穴式核实核查、驻点式调研走访）作为检验清廉沃土质量的“红绿灯”，以23个监督网格为最小清廉单元，发挥“探头”作用，甄别和警示业务工作的可行性和有效性。

二、播种“君子兰”清廉种子

宣传入眼、教育入脑、廉洁入心，持续创新“君子兰”廉洁文化品牌，采用多种载体、形神并举固化“君子兰”廉洁文化形象。每年5月开展“思廉月”廉洁警示教育，广泛组织家庭助廉、漫画话廉、书法述廉等活动，比如书写廉洁家书、制作兰香莲韵团扇、描绘“君子兰”廉洁文化布袋、拍摄廉洁金句诵读视频、为企业吉祥物“兰兰”“能能”创作廉洁漫画等。编印《年轻干部和新入职员工廉洁从业教育手册》，将手册普及到岗到人，让“君子兰”廉洁文化启智润心，在员工心中埋下清廉的种子。

三、浇灌“君子兰”清廉之水

推进文化“六进”工作和定期考核，保证“君子兰”廉洁文化不断有源头活水注入。一是以贴近企业及员工实际为出发点，动员员工设计“君子兰”廉洁文化形象、手绘“君子廉香”漫画、制作“君子兰”盆花，实施“君子兰”六进行动（送“廉”进部门、进班组、进岗位、进家庭、进外包班组、进工程项目），让员工在日常工作中潜移默化地接受廉洁文化熏陶。二是通过一年三次的党组织建设考评和一年两次的班组建设考评评估文化建设实效，并按照企业标准兑现考核奖金，注重从班组这个企业最小细胞出发，持续激发“君子兰”廉洁文化活力。

四、涵养“君子兰”清廉花香

经过多年深耕，“君子兰”廉洁文化品牌成果丰硕、清廉之花绽放。“1+1+1+N”线下阵地充分展现了“君子兰”廉洁文化建设成果，即“一厅一站一室”（企业文化展厅、党群驿站、特色评标室）和数个党员活动室清廉窗口及移动式特色专题展。同时，3个线上平

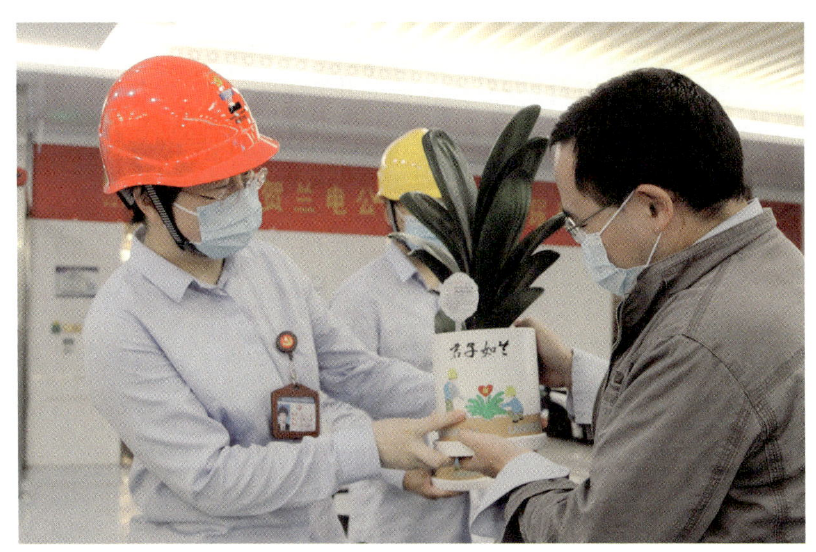

○ 浙能兰电开展“君子兰”六进行动

台（工作流“清廉兰电”专栏、微信公众号“清廉园地”专栏、公司内网“党风廉政”专栏）多层次、立体化地将廉洁文化渗透到企业工作各个方面，使员工时刻沉浸在“君子廉香”氛围中。

成效和启示

“君子兰”廉洁文化体系作为浙能兰电创建“清廉国企”标杆点、打造“君子廉香”工程的举措之一，是整体创建工作的灵魂所在。“君子兰”廉洁文化建设的主体既是企业也是员工，有利于促进履行组织及个人的主体责任、监督责任。编印《君子廉香》文集、制作宣传视频等，实现了对“君子兰”廉洁文化建设成果的提炼，使“清廉国企”标杆点建设影响力日益增强。浙能兰电近两年累计接待浙江省内外单位参观交流近20次，参观人数超1000人。

一、廉洁文化建设需要系统化长久化培育

如同养好一盆君子兰一样，文化建设是一项长期的战略任务，是一项系统持久的工程，需要常抓不懈、逐步推进和不断探索。经过十余载的“君子兰”廉洁文化建设，公司已经将廉洁文化基因厚植于员工思想意识、行为规范当中。“君子兰”廉洁文化教育每年涵盖人数不少于500人、2000人次，既引导员工习惯在有约束的氛围中工作，又指导员工增强主动履责的思想自觉和行动自觉，让企业干部员工队伍得到充分净化，为企业发展提供强有力的人才支撑。

二、廉洁文化建设要注重全过程教育引导

企业廉洁从业风气的持续改善关键在于形成浓郁的教育引导氛围，进而实现教育成果的转化。浙能兰电以“君子兰”廉洁文化建设为主要载体，同步重视抓好法治教育、道德教育、“浙江国资国企新风尚”以及电力行业精神的培育，持续开展警示教育，以身边人身边事提醒和感染员工，营造了风清气正的政治生态。员工对“君子兰”廉洁文化认同感高，廉洁从业意识更加强烈，工程项目投资、工程建设等领域未发生违纪违法问题和职务犯罪行为。

三、廉洁文化建设要紧密结合业务管理流程

作为标准化良好行为5A级企业，浙能兰电将党建文化相关制度标准纳入整体标准制度体系管理，从根本上保证了“君子兰”廉洁文化建设的目标与企业高质量发展目标相匹配，使文化基因融入日常，实现文化建设贯穿于公司各项业务、融入管理制度里、强化在工作流程中、落实在日常管理中，企业治理规范化水平持续提升。公司曾获全国企业文化优秀成果一等奖，公司党委被评为浙能集团党建工作成绩突出集体、先进基层党组织、优秀企业。

（执笔人：范　莉）

党建引领家文化，红色平台促发展

○ 仙鹤股份有限公司

○ 仙鹤股份有限公司衢州总部

背景介绍

仙鹤股份有限公司（以下简称：仙鹤）为国内大型高性能纸基功能材料研发和生产企业，拥有化工、制浆、能源、原纸、纸制品、环保处理、运输等全产业链，总部位于浙江衢州，并在浙江衢江、浙江常山、河南内乡、广西来宾、湖北石首拥有5个制造基地。

仙鹤从无到有，从有到优，始终注重打造“党建引领家文化”的企业文化建设。“来了就是仙鹤人”，仙鹤自创始以来就用“家”的感召团结凝聚干部员工：把员工当作家庭成员，照顾好这个“小家”，让员工共享企业发展成果；依靠干部员工，倡导忠诚奉献、规范有序、团队合作，通过自主创新来建设好企业这个“大家”；履行社会责任，做一个受社会尊重的企业，报效祖国这个“国家”。“凝聚小家，发展大家，报效国家”的“家文化”内涵成为仙鹤人做人干事的准则。多年来，公司着力打造“家文化”平台，用“家文化”凝聚企业人心，用“家文化”激发创业激情，促进企业可持续、高质量地发展。

○ 仙鹤庆祝中国共产党成立100周年大会上全体党员的入党宣誓仪式

主要做法

一、赓续红色根脉，打造红色之家

坚持党建引领，凝聚发展合力。仙鹤党委始终秉承“为党旗增光、为党徽添彩”的理念，牢固树立“一个党员就是一面旗帜”的思想，坚持践行企业“取之社会、回馈于民”的价值观，让党员先锋模范作用在生产一线得到充分发挥。在仙鹤，“三得”“三无”“四兵”已然成为仙鹤党员的行为规范，即党员必须要“平时看得出来，困难时站得出来，需要时豁得出去”，“党员身边无次品、党员身边无违纪、党员身边无事故”，党员要成为“科技创新尖兵、市场开拓先兵、产品质量标兵、员工的排头兵”。注重推动党建与生产经营深度融合，确保企业发展到哪里，党的建设就跟进到哪里，党支部的战斗堡垒作用和党员的先锋模范作用就体现在哪里。

二、打通成长路径，打造学习之家

企业发展壮大，需要大量的人才。仙鹤通过“家文化”学习平台，让有一定基础并已在技术、管理岗位上发挥作用的干部员工，成为自主培育的“草根人才”。公司与衢州学院合作设立三年制“仙鹤造纸大专班”，将大学课堂搬到企业里来，邀请大学里的讲师、教授来到企业，为经考试选拔而出的企业在职骨干上课。迄今，已有160多名生产骨干顺利取得了大专毕业证书。公司致力于打造学习型企业，平日里安排各种层次的培训，让干部员工在学习平台中得到了自我提升。

三、突出模范引领，打造创新之家

“家文化”致力于搭建企业创新平台，让技术拔尖的党员干部发挥自己特长，组建工作室，带领周边的员工为企业解决“急、难、险、重、新”问题。公司给资金、给场地、给人员，目前已建成6个

以技术骨干名字命名的工作室。这些工作室各有长处，有的以研发为中心，为企业开拓新产品；有的以生产工艺技术革新为特色，结合生产实际解决工艺难点；有的以设备改进为专长，提高劳动生产率，改善工作环境；有的以传授生产技能为己任，重在传艺、授技、带徒。工作室团队坚守在生产经营第一线，为企业生产排忧解难，发挥了不可替代的作用。如“骆志荣工作室”带领年轻人专注于新产品研发、新工艺革新，推出11个省级新产品，取得14项实用新型专利，在2019年被评为省级技能大师工作室。

四、培育高尚操守，打造廉洁之家

公司在企业文化中融入清廉元素，开展“以最高职业操守打造廉洁仙鹤”的“清廉民企”建设活动，投资20余万元搭建“清廉平台”，设立廉洁教育主题站，打造一间心清吧、一座和风亭、一面清廉墙、一道清廉长廊和一个清廉培训室的“五个一”清廉主阵地。推崇新时代仙鹤人“二十四字”职业操守——毫无保留、决不保守（业务层面）；尽心尽力、全力以赴（责任层面）；开放包容、不谋私利（修养层面），将廉洁教育渗透到生产经营的各环节、工作生活的各方面，形成了具有仙鹤特色的廉洁文化。

五、共享发展成果，打造和谐之家

让干部员工真切感受到企业发展壮大的红利，打造和谐幸福之家，是仙鹤倡导“家文化”的初心和追求。仙鹤每次投资建设生产基地，都配套建造职工生活区、活动区等各种设施，让员工获得“拎包入住”体验。公司举办各类文体活动，以此丰富大家的业余生活，每年安排干部员工体检、旅游，用真情、真心培育企业的“和谐、幸福”氛围。

成效和启示

通过20多年企业文化的培育和坚守，“党建引领家文化”已然成为仙鹤企业管理的重要特色。“家文化”在助力企业发展过程中，潜移默化地实现了公司“凝聚小家、发展大家、报效国家”的目标。

一、创建成长平台，共享企业成果，用真情关爱“凝聚小家”

用“双向培养”理念打造干部队伍，“将优秀的员工培养成党员，把优秀的党员推送为干部”，打通自主培育技术人才的通道，培养一批“草根人才”，让这些企业忠诚度高的干部员工成为公司发展的中坚力量。

想员工所想，解员工之忧，用贴心的服务提升企业的凝聚氛围，是仙鹤践行“家文化”的一贯做法。在员工生活区建设“仙鹤党群服务中心”，设置“家文化”展示馆、图书室、健身房、儿童烘焙吧、母婴室、谈心间、开放影视、培训课堂等系列服务项目，全天候向干部员工及其家属开放，使之成为聚焦主题教育、传播企业文化、接受培训讲座、开展各类活动、服务员工家庭、激发员工活力的阵地。“仙鹤党群服务中心”被评为衢州市首批五星级“党群服务中心”。浓厚的家园氛围使仙鹤集结了5000多名干部员工，有的员工家庭甚至几代人都奋斗在仙鹤。大家心往一处想，劲往一处使，凝聚成敢于前行、能挡风雨的“仙鹤之家”。

二、倡导艰苦奋斗，崇尚“家”的奉献，用增长速度“发展大家”

只有让来到企业的员工找到归属感、家园感，才能凝聚共识、合力创业、共同致富。“家文化”正是践行这一理念的最佳切入点，由此仙鹤产生了用“家文化”引领企业管理，推动企业发展的念头。

20多年来，在“家文化”的引领下，仙鹤广大干部员工发扬艰苦

奋斗精神，崇尚“家”的奉献，使公司从一个品种单一、设备简陋的弱小企业壮大成为在全国范围内拥有5大制造基地、70多条现代化生产线、60多个品种特种纸系列，年产能超过130万吨的国内高性能纸基功能材料优秀企业。如今，仙鹤拥有50项发明专利、90项实用新型专利，牵头和参与制定了字典纸等多项产品的国家级标准和省级标准，荣获浙江省转型引领示范企业、中国驰名商标、国家高新技术企业、国家知识产权优势企业、国家科学技术进步一等奖等诸多荣誉。

三、担当社会责任，谋求绿色发展，用和谐共富“报效国家”

企业如何“报效国家”，从根本上说，就是要诚信经营，担负社会责任，履行社会义务。用“家文化”搭建红色平台，推动企业绿色发展，已成为仙鹤可持续发展的有效途径。秉持“绿色中国，清洁工厂”的环保理念，以系统化管理推动经济结构绿色转型，近几年来，仙鹤持续布局“林、浆、纸、用”一体化产业链，环保投入超过4.3亿元，用实际行动践行“绿水青山就是金山银山”的绿色发展理念，于2018年入选工信部第三批“绿色工厂”名单。

仙鹤积极践行企业责任，用感恩之心回馈社会养育，在服务大局中弘扬企业家精神，努力贡献仙鹤力量。在企业发展过程中，加大本地乡镇用工的比例，近年本地用工量达70%，甚至带动了周边地区的就业。公司作为“市级慈善工作站”，每年均为教育、扶贫、抗灾、养老等事业积极捐赠，近四年来捐赠额超过1000万元。

（执笔人：叶　青）

案例 10

打造新时代“八廉一体”企业廉洁文化工程

○ 杭州华电下沙热电有限公司

○ 杭州华电下沙热电有限公司工厂

背景介绍

杭州华电下沙热电有限公司（以下简称：华电下沙公司）位于之江潮涌、人间天堂的杭州市钱塘江畔，装机容量为246兆瓦，员工127人，拥有热、电、气多种清洁能源，获得浙江省文明单位、浙江省安全文化建设示范企业、中国华电集团文明单位标兵、中国华电集团本质安全型五星级企业等荣誉。

○ 华电下沙公司举办清廉华电"浙里"行活动

近年来，华电下沙公司深入学习贯彻习近平新时代中国特色社会主义思想，锚定"建设一流综合能源企业"目标，纵深推进新时代企业廉洁文化建设，提炼形成"潮·清源"廉洁文化品牌，创新打造"八廉一体"文化工程——教育筑廉、制度建廉、课堂讲廉、活动倡廉、阵地育廉、监督护廉、媒体宣廉、家风助廉，筑牢廉洁文化"信仰之基"，唱响廉洁文明"亲清之声"，展现廉洁品牌"治理之能"，彰显廉洁发展“效益之强”，实现“干部清正、企业清廉、政治清明”，让“清廉华电下沙”成为企业高质量发展的金名片。

主要做法

一、教育筑廉工程“铸根魂”，推动清廉发展“新作为”

教育筑廉是灵魂工程，清廉发展是使命责任。华电下沙公司把廉洁教育纳入政治生活“必修课”，列为主题教育“重头戏”，打出一套“理论集中学、调研实践学、交流研讨学、现场沉浸学”组合拳。党委、纪委组织党员干部深入学习贯彻习近平总书记关于党的自我革命重要思想、全面从严治党重要论述、党纪法规、案例通报，学“廉”文、悟“廉”理、谈“廉”感、促“廉”行。2022年以来，公司党委举行“廉洁文化促‘三清’”党委中心组专题学习活动，纪委举行“四自四慎·守纪践廉”纪委中心组专题学习活动，共计专题学习25次，实现支部主题党日“每月学廉”全覆盖；组织“大道之行——参观‘八八战略’实施20周年大型主题展览”“以案为鉴——参观浙江省法纪教育基地”现场教学活动，集中观看《零容忍》《永远在路上》反腐廉政片，举行“纪法制度学考”，以学铸魂、以学增智、以学正风、以学促干，筑牢全员“守初心”的信仰之基、“不想腐”的行动自觉。华电下沙公司成功打赢安全生产、迎峰度夏、能源保供、亚运保电一场场攻坚战，连续安全发电运行突破3700天，实现了清廉发展“加速度”。

二、制度建廉工程“促合规”，发挥提质增效“新优势”

制度建廉是治企之策，提质增效是兴企之道。华电下沙公司把廉洁文化融入合规管理，把廉洁罚则嵌入制度体系，创新实施《廉洁风险防控实施方案》，督导前期、财务、营销、安全、生技等10个部门46个重点岗位建立“核心业务职权清单”、排查防控129个“廉洁风险点”，落实巡视巡察整改“清单管理、过程督查、闭环销号、考核问效”四项机制，做到“定期查、重点控、实时改、源头防”，业务部门、职能部门、纪检部门协同筑牢“业务监督、职能监督、执纪监督”三道防线，企业治理效能持续提升。华电下沙公司纪检监督成果《实施巡视巡察整改“3334法”，提升企业合规管理促发展》荣获全国电力企业合规管理成果特等奖。

三、课堂讲廉工程“筑防线”，提升作风纪律“新水平”

课堂讲廉是春风化雨，作风纪律是品格砥砺。华电下沙公司把“一岗双责”融入“清廉课堂”，创新开设“一月一党课”“一季一讲堂”，讲课人涵盖党委委员、党支部书记、党员干部，实现正德、正风、正能量的有效传达。2022年以来，华电下沙公司举行“学史明理促廉洁”等16场专题廉洁党课、“‘三清’华电下沙”等8期主题道德讲堂，党员干部宣廉、讲廉、颂廉、传廉，全体员工学纪、知纪、明纪、守纪，在一场场党课、一次次讲堂中厚植了企业“廉洁基因”，筑牢了全员“廉洁防线”。

四、活动倡廉工程“润心智”，构建风清气正“新局面”

活动倡廉是启智润心，风清气正是企业软实力。华电下沙公司把廉洁文化融入实践活动，广泛开展一系列职工喜闻乐见的廉洁文化活动，聚人心、净人心、润人心。2022年以来，华电下沙公司举行“清廉华电我先行”反腐倡廉宣传教育月活动，树担当作为之风、树为民服务之风、树勤俭节约之风、树廉洁家庭之风；开展“献礼二十大·清廉谱华章”职工廉洁文化作品征集活动，征集58篇廉洁征文、41幅书画摄影作品、76条廉洁感言，举办“潮·清源”廉洁书画摄影作品展，结集出版《“清风潮涌·扬帆廉航”职工廉洁文集》；职工自编自演廉洁快板文艺节目《清廉华电“浙里”行》，实现廉洁文化人人建、人人廉洁促发展。华电下沙公司廉洁文化成果《构建新时代“1468”廉洁文化建设体系》荣获全国电力企业管理创新论文大赛一等奖，擦亮了“清廉华电下沙”名片。

五、阵地育廉工程“筑生态”，开辟廉洁文明“新境界”

阵地育廉是深耕厚植，廉洁文明是生态沃土。华电下沙公司创新廉洁文化载体，丰富廉洁文化阵地，在厂区标志性地域、道路设置“廉洁看板”“廉洁路牌”；在党员活动室、班组文化墙开设“清廉专栏”；在办公楼大屏播放“廉洁文化宣传片”；建立图文并茂、板块丰富的“三清”廉洁文化长廊，用13块移动展示墙、98幅廉洁图文生动展映“干部清正”风貌、“企业清廉”治理和“政治清明”生态……打造“路、廊、厅、栏”一体廉洁阵地，一步一景、移步换景，展现了华电下沙“勇立潮头、清廉奋进”新气象。

六、监督护廉工程“强治理”，提升防控保障“新质效”

监督护廉是源头治理，防控保障是固本强基。华电下沙公司把“廉洁文化”融入“监督治理”，创新建立纪委委员、支部和部门监督员、班组监督员三级廉洁监督网，择优选聘25名党员骨干监督员，让监督“前哨”和党员“先锋”作用共同发挥。公司纪委开展“四盯四查·作风建设”专项监督，盯查节礼上、车轮上、舌尖上、履责上的作风行为，为群众办实事，为企业创实效；开展新能源项目、经商办企业、物资采购管理等一系列重点领域专项整治，向供应商、合作方发放78份“亲清告知卡”，将11家外部关联企业列入“限制交易对象”，构建了“亲清”政商关系，塑造了“亲而有度、清而有为”的廉洁从业环境。

七、媒体宣廉工程“塑品牌”，打造清廉华电“新亮点”

媒体宣廉是响鼓强音，清廉华电是亮丽品牌。华电下沙公司创新打造“潮·清源”廉洁文化品牌，运用网站、微信、抖音、报刊等融媒体，创办开设“清廉华电下沙”专栏，发布《廉洁文化品牌体系手册》，拓廉媒、推廉文、传廉声。2022年以来，华电下沙公司在国家级期刊《企业管理》《当代电力文化》、中国华电集团有限公司网站等平台发表5篇廉洁文化成果总结、38篇廉洁报道，推送“新春送纪语”“廉节迎亚运”等专题廉洁微信。廉洁文化案例《打造“八廉一体”廉洁文化工程》入选“全国电力行业文化创新优秀案例”名单，唱响了“清廉华电”好声音。

八、家风助廉工程“树新风”，描绘共同富裕“新画卷”

家风助廉是清风相伴，共同富裕是幸福愿景。华电下沙公司持续培育好家风家教，举办“亲清连心·家风助廉”主题活动，逢年过节举行“亲清家属”座谈会，给每一位员工家属发送廉洁温馨短信、分发廉洁贺卡台历，让员工与家属一起读清廉美文、诵廉洁诗句、讲家训故事，以企业自身行动助力党的理论、廉洁文化“飞入寻常百姓家”，把好传统带进新征程，把好作风弘扬在新时代。

成效和启示

一、固化于制，“八廉一体”完善治理体系

固化于制，是企业治理的“压舱石”。华电下沙公司通过实施“八廉一体”廉洁文化工程，督促各级党组织压实管党治党责任，促进全体员工“学廉、养廉、践廉、守廉”。公司党委、纪委统筹推进国企改革、项目前期、工程建设、招标采购、巡视整改等12个重点领域专项整治，系统施策、标本兼治，督促各部门修订82项管理制度，形成一套涵盖298项有效制度的内控合规风险一体化管理体系，

打通了全面从严治党、依法合规治企“最后一公里”，使业务监督、职能监督、执纪监督“三道防线”更加巩固，治理体系更加完善，治理效能更加显著，打造了企业提质增效的华电下沙样板。

二、内化于心，“八廉一体”打造风清气正

内化于心，是企业生态的“黏合剂”。华电下沙公司通过实施“八廉一体”廉洁文化工程，文化育人、廉洁塑形，打造廉洁文化“八大载体”：提炼“一品”、发布“一册”、讲好“一课”、建立“一廊”、创立“一媒”、编印“一书”、开设“一堂”、举办“一展”，由点及面、贯通融合，串联成一道清廉风景线；推进廉洁文化“六进联动”——进班子、进项目、进支部、进部门、进班组、进家庭，激发了各级党组织汲取廉洁智慧、吸收廉洁营养、凝聚廉洁力量的热情，让干部员工时时感受清廉润心，处处遇见清廉美景。公司努力推进政治生态更加风清气正，干事创业氛围更加浓厚，构建“干部清正、企业清廉、政治清明”的“三清”企业。

三、外化于行，“八廉一体”赋能改革发展

外化于行，是企业发展的“强动力”。华电下沙公司通过实施“八廉一体”廉洁文化工程，把文化优势转化为竞争优势，清廉发展“出实招”，集智聚力“创实效”，实现燃机发电小时位居全省第一，供热量位居区域第一。公司党委、纪委推进“清洁项目清廉行”专项行动，在开发新能源项目、服务热用户市场中搭建“亲清平台”，与各合作方签订《廉洁共建责任书》，推进“1+X”协同监督，打造“廉洁精品工程”，实现责任共担、价值共创、风险共御、合作共赢。

（执笔人：傅令红　冯　冰）

案例 11

AUPU 奥普

廉洁奥普，阳光前行

○ 奥普智能科技股份有限公司

○ 奥普智能科技股份有限公司杭州总部企业墙

背景介绍

奥普智能科技股份有限公司（以下简称：奥普）成立于1993年，旗下在杭州市、嘉兴市、成都市设有生产基地，产品涵盖浴霸、集成吊顶、智能晾衣机、照明、集成墙面、全功能阳台、集成空调等多种品类。公司商标“AUPU奥普”先后获评“中国驰名商标”“浙江省著名商标”等称号，曾连续12年获评世界品牌实验室“中国最具价值品牌500强”称号。奥普是浴霸行业和集成吊顶行业国家标准制定组长单位，入选为“第十九届杭州亚运会官方浴霸供应商”。

奥普始终坚持德才兼备的用人原则，倡导将廉洁文化体系建设纳入公司党组织规范化建设。公司注重在企业经营管理中融入廉洁文化思想，推行廉洁文化制度，建设廉洁文化体系，帮助员工树立廉洁正向的职业价值观，营造积极健康的工作氛围，最大化地激发企业的内生动力。2020年，奥普成立廉洁与职业道德监察部，负责公司舞弊风

○ “阳光同行 · 廉洁制造”第二届制造行业廉洁合规研讨会

险防范、廉洁合规体系建设工作。经过数年发展，廉洁合规文化已成为奥普企业文化的重要组成部分之一，成为公司高质量发展不可或缺的动力。奥普积极创建清廉民企品牌效应，2023年被评为“2023年度钱塘区清廉示范样板”，为多家企业的合规体系建设传授经验，推动廉洁营商的社会氛围营造。

主要做法

奥普在公司党组织的引领下，围绕廉洁品牌设计、人才队伍培育、制度体系构建三个维度开展廉洁合规文化建设。

一、以青春为笔，共创清廉品牌

随着90后、95后逐渐成为主流消费者群体，奥普于2021年提出品牌年轻化的策略调整，在廉洁文化品牌概念中植入青春元素，从而融入时代语境。

用青春之笔，勾勒廉洁文化轮廓。为使廉洁文化在员工群体中入心入行，奥普征集员工创意灵感，设计了廉洁文化品牌Logo、人物形象、漫画等系列作品，其中形似拳头和盾牌的Logo形象，象征着保护员工职业安全与公司利益的力量，也是共同抵挡腐败行为侵害的护盾。公司围绕廉洁文化品牌Logo开发系列周边产品，将其作为与员工进行廉洁互动的纽带，应用在廉洁活动、会议、培训等场景。通过廉洁标语、手册、画报等方式对员工进行全方位的文化熏陶，深化员工对廉洁文化形象的认识理解。

用青春之笔，书写廉洁文化内涵。奥普将“蓬勃向上、正直无畏”作为廉洁文化品牌定位，以包容开放的态度为廉洁文化注入生机

○ 奥普廉洁漫画、廉洁奥普品牌Logo

无限的青春活力。定期开展“奥普廉洁月”活动，根据参加对象年龄、学历、性别、岗位、层级的不同，设计符合需求的廉洁主题文化载体。针对营销、研发人员中90后占奥普总部人员半数以上的情况，奥普在总部园区组织“廉洁我定义”活动，让员工自由发挥创意，借助DIY手工艺品呈现自身对廉洁的理解，并且设置拍照打卡区，给予员工充分发挥的空间。奥普在嘉兴制造基地组织员工开展“廉洁运动会”“廉洁赠饮”等活动，活动形式力求简单明了而不失趣味，从而更加深入一线工人的心灵……由此，奥普多元化拓展廉洁文化传播途径，提高廉洁文化曝光率和认同度，在潜移默化中转化员工对廉洁教育的刻板印象，赋予企业廉洁文化青春亲和的亮色。

二、以德为先，构建德才兼备的人才培养体系

奥普从职业道德树立、廉洁培训赋能及党风廉政引领三个方面构建德才兼备、以德为先的人才培养体系。品德污点是职业发展的“挡路石”，廉洁自律才是职业前途的“护身符”。奥普在企业文化普及中不断明确立德为本的职业理念，增强员工对工作的责任感、使命感。

注重职业道德培养。奥普秉持德才兼备的用人理念，将职业品德纳入考核标准，实行“一票否决”制度，让员工的职业品德成为其晋升的关键依据。将廉洁培训考核贯穿于员工职业发展全周期，在员工

入职前进行廉洁背景调查，确保排除有不诚信记录的人员，在员工入职后开展新员工廉洁培训与考核，开展廉洁宣誓并签订《员工廉洁从业承诺书》。每年在正式任命新晋管理干部前，进行廉洁培训与考核，未通过者将不予正式任命。公司的廉洁培训与考核触达公司各岗位、各层级，其结果记录在员工廉洁档案中，作为其系列人事变动的依据之一。

丰富廉洁培训内容。奥普把廉洁培训作为统一企业文化价值理念与员工认知的重要途径，在课程内容方面既强调道德树立又重视知识赋能。公司在组织廉洁培训前期开展充分的需求调研，重点观察采购、营销等风险高发岗位需求，从而通过培训精准解决员工工作难点。在年度营销大会上组织廉洁培训，课程内容覆盖梳理业务脉络、风险节点的控制策略等，对同类风险案例进行剖解，启发员工梳理好业务合规工作思路，提高了廉洁培训与岗位工作的黏合度。公司与浙江省经济犯罪侦防协会、阳光诚信联盟等组织开展协作交流，强化员工廉洁合规意识，培养员工德行与才能的“双向成长”。

发扬党员廉洁先锋作用。奥普坚持优先聘任党员为管理干部，并培养骨干员工向党组织靠拢，目前公司在册党员中有半数以上为中高层管理人员。

三、以合规管理为保障，护航企业高质量发展

建立完善制度体系，夯实合规管理根基。奥普自2021年起颁布出台《奥普监察管理制度》文件，该制度包含四个细则（《员工廉洁奖惩细则》《投诉举报管理及举报人保护细则》《合作伙伴廉洁管理细则》《员工礼品收受管理登记制度》）、两个承诺（《员工廉洁从业承诺书》《廉洁合作协议书》），对员工的日常工作行为界限作出明晰的指导规范。对于积极响应廉洁号召或违背廉洁管理规定的员工，公司均予以相应的奖惩。每逢节日，奥普各岗位员工都主动提交礼品申报流程，对于礼品价值较高的申报人，公司会进行内部通报表扬，在后

续调岗晋升中予以倾斜。

依托数据分析建立风险预警模型，对舞弊行为实施动态监督。奥普通过对风险事件提取指标并设定阈值，构建出不同的风险预警模型。当在数字分析系统中输入业务、财务、人力、合同等各类数据源时，可通过系统进行关联分析；当模型中的指标出现异常时，可启动系统化的风险预案或进行人工干预，对风险隐患提前识别、及时优化。公司监察部在收到风险预警时立即开展相关核查，并对案件所反映的流程缺失问题进行填补，近年来为公司挽回直接经济损失86万余元，有效帮助企业经营管理降本增效，护航企业高质量发展。

成效和启示

一、厚植廉洁文化土壤，培养廉洁从业价值观

良好的企业文化土壤能引导员工的行为规范，促进员工遵守道德准则，从而帮助其树立正确的价值观。奥普在公司党委的带领下，积极发挥廉洁文化的赋能价值，营造廉洁从业氛围，培养员工的主人翁意识，让员工意识到自身对公司、家庭及社会都负有廉洁诚信的责任，有义务参加公司的廉洁文化体系建设。近年来，奥普公司廉洁活动的参与者覆盖面日趋扩大，员工主动拒礼拒贿报备事件数量是过去十年总和的数倍，有效印证廉洁文化入心入行成效。

二、制度流程遏制腐败滋长，增强企业“免疫力”

奥普从系统性、长期性两个方面完善廉洁合规制度，依托数字化手段建立风险预警模型，对腐败问题实施监督和制约。通过联动监察促进“人、财、物、产、供、销”等部门有效履职，“量体裁衣”设

计贴合企业实务的流程规范，强化企业管理中的薄弱环节，有效降低了职务舞弊风险与经营成本。与此同时，以数据分析为支撑构建风控模型，使合规管理流程标准化，实现对舞弊行为的实时、动态监督，有效提高了管控体系的风险识别能力。风险模型与廉洁文化体系、人才培养体系相辅相成，共同促进企业发展的良性循环，增强了企业应对危机的“免疫力”。

三、主动营造清朗社会营商环境，做市场秩序“维护者”

奥普作为一家具有30多年历史的民营企业，一直将企业的生存发展与承担社会责任紧密关联，形成唯有坚持践行社会主义核心价值观，做市场秩序的“维护者”，才能稳扎于不断变化的市场环境的集体认识。对内，奥普不断强化自身的内控管理措施，为员工提供阳光、廉洁的工作平台，护航员工职业安全，培养员工职业品德，帮助形成风清气正的廉洁生态；对外，奥普强化反舞弊领域内的行业协作，团结社会各方力量，主动营造清朗的社会营商环境，力求从根源上治理企业腐败隐患，积极助力社会和谐发展。

奥普积极探索构建廉洁合规体系，形成一套可借鉴、可复制的参考样板，得到了行业内的广泛认可。2021年获得由企业反舞弊联盟等组织共同颁发的“反舞弊最具影响力团队”称号，2023年获评由上海市法学会司法研究会等组织共同颁发的第二届“民营企业廉洁合规创新奖”企业奖。

（执笔人：何芳云）

匠心传承篇

案例

12

老黄酒酿出新滋味

○ 中国绍兴黄酒集团有限公司

○ 中国绍兴黄酒集团有限公司总部

背景介绍

中国绍兴黄酒集团有限公司（以下简称：黄酒集团）是国内黄酒行业领先企业，旗下浙江古越龙山绍兴酒股份有限公司入选国家级非物质文化遗产生产性保护示范基地名单。黄酒集团拥有“古越龙山”“女儿红”“鉴湖”“沈永和”“状元红”等5个知名黄酒品牌，曾获浙江省人民政府质量奖、中国酒业30年文化双创奖、浙江省企业文化品牌建设优秀单位、绍兴市“共同富裕示范区市域范例建设突出贡献奖”先进集体等荣誉。

黄酒是绍兴经济发展的财富源泉，也是绍兴文化发展的瑰宝，这就要求企业在发展过程中必须进一步“保护好”“发展好”黄酒文化。黄酒集团始终坚持传承和弘扬优秀黄酒传统文化，根据时代特点和人们对美好生活的需求，赋予黄酒新的时代内涵和表达形式，重点做好创造性转化和创新性发展，不断激活其生命力，增强其影响力和感召力，用文化力引领企业的可持续发展，让千年黄酒“焕发新生”，让绍兴黄酒“再行天下”。

主要做法

一、坚持古法今造，彰显黄酒文化“新价值”

挖掘提炼企业文化故事。黄酒集团的创业发展史，既是一部几代黄酒人艰苦创业、拼搏进取的奋斗史，也是一部孕育、发展和弘扬优秀黄酒文化的文化史。2500多年前，越王勾践忍辱负重、卧薪尝胆，

○ “匠心筑梦”技能文化节颁奖仪式

经过“十年生聚，十年教训”，终于转弱为强，成就霸业，谱写了具有传奇色彩的“胆剑”篇章。从1951年黄酒集团创立以来，集团发愤图强、百折不挠、创新创业的“胆剑精神”铭刻在一代又一代黄酒集团人心中，成为员工创业实践的精神动力，并创造了一个又一个辉煌。

保护传承国家黄酒非遗项目。黄酒是世界三大发酵古酒之一，绍兴是中国黄酒的发源地，绍兴黄酒被誉为“东方名酒之冠”。绍兴黄酒的酿制技艺是国家级非物质文化遗产，是中华文脉绵延传承的生动见证。黄酒集团在传承绍兴黄酒技艺的同时凝聚集体智慧，秉持工匠精神，坚持守正创新，建设国家黄酒工程技术研究中心、国家工业遗产“鉴湖酒坊”、中国黄酒博物馆、古越龙山中央酒库等黄酒非遗文旅基地，涌现了典型非遗传承人如国家级非遗代表性传承人王阿牛，省级非遗代表性传承人胡志明、徐岳正等。

提升打造中国高端黄酒形象。以满足人们对美好生活的向往、契合黄酒市场消费升级为导向，坚持聚焦精品、清晰定位，围绕“国酿1959”“青花醉”系列两大核心高端产品开展精准营销、提升品牌价值。“只此青玉”作为中国高端黄酒单品，融合了中国舞蹈诗剧、千年宋韵、千年黄酒等文化元素，展现了中华国酿深厚的文化内涵和优秀品质，先后斩获中国酒业最高奖“青酌奖”、2023年IWSC国际葡萄酒与烈酒大赛两大金奖。

二、紧跟年轻潮流，展现黄酒文化“现代美”

聚焦“新人群”传播黄酒文化。迎合年轻消费者随性、轻松的饮酒方式，把消费场景从餐桌向独酌、小酒吧等多元化场景拓展，举办古越龙山“7·9”节，创设古越龙山慢酒馆、状元红小酒馆、黄酒小镇“微醺舍”等年轻化消费场景，以低度潮饮、黄酒鸡尾酒、黄酒咖啡等形式吸引年轻人打卡体验，让传统黄酒融入年轻消费圈层。

聚焦“新风口”提升黄酒品位。与红点设计中国区联合推出“绍兴黄酒设计共创计划”，开发高颜值、适合年轻人口味的产品20余款，深受年轻人的推崇和喜爱，让传统黄酒“既守得住经典、又跟得上时代”。契合人们健康养生需求，打造“消费圈层＋消费场景”市场培育新模式，推广“文化＋黄酒＋美食”消费场景，通过加快品鉴馆全国化布局，举办“越酒宴”“品鉴会”“冬酿封坛节”等活动，开展沉浸式营销，以高品质产品供给消费群体。

聚焦“新平台”讲好黄酒故事。建立黄酒行业首家抖音直播基地，组建青年创客团队，邀请国内知名头部、达人带货。组织百名主播走进女儿红，借助天猫、京东、抖音、拼多多等主流电商渠道开展全场景传播，吸引越来越多的青年受众走近黄酒。2023年，电商渠道完成销售1.61亿元，同比增长43.79%。其中，“双11”购物狂欢节期间全网销售同比增长64%，包揽六大电商平台黄酒品类销售冠军。

三、开启全球市场，加速黄酒文化“行天下”

以酒会友，跟着越商行天下。借助世界各地的越商资源，举办高端品鉴活动，“只此青玉”频频亮相迪拜世博会、世界互联网大会、中国国际消费品博览会、上海国际友人品鉴会等。2023年5月，“越酒行天下·日韩行”创下绍兴黄酒海外营销佳绩，共有500余位中日韩三国政商界高端人士参加。2023年，古越龙山出口国家和地区已达46个，全球出口同比增长11.50%。

以酒为媒，跨界合作行天下。与江小白品牌成功牵手，建立酒业首个“无边界战略合作机制”，成功发布“古越龙山金五年&梅见青梅酒”联名款产品。与北京京广集团、物产中大云商、江苏蟹太太、澳门南光集团、钟薛高、百雀羚、荣宝斋等开展战略合作，与香港友好协进会合作开发庆祝香港回归25周年“只此青玉”纪念酒，与成都FCC俱乐部定制首发“只此青玉&FCC”联名款产品，跨界合作吸引更多的人群关注黄酒、喜爱黄酒。

以酒兴旅，场景传播行天下。推动黄酒与文旅融合发展，推出花雕彩绘DIY、酒道表演、越酒宴等沉浸式体验活动，让游客感悟中华国酿文化之美、微醺雅饮意境之美。2023年，开展回厂游324批次，接待游客近15万人次，同比增长92%。精心策划“激情亚运会，微醺绍兴酒”主题活动，绍兴花雕酒坛亮相杭州亚运会开幕式，古越龙山成为杭州亚运会国宴用酒，黄酒集团两度收到杭州亚组委感谢信。

成效和启示

一、要汲取传统文化精髓，赋能企业核心竞争力

黄酒是我国最古老的酒种之一，千百年来，不仅承载着诗意和才情，还寄寓着人们对美好生活的追求和向往，由此孕育了博大精深的

传统黄酒文化。只有不断汲取弘扬传统黄酒文化深厚的文化内涵，用文化讲好故事，用文化创新营销，用文化提升品牌，推动优秀黄酒文化与企业文化深度融合，并贯穿于企业经营管理全过程，才能形成企业竞争的“软实力”。

二、要紧跟时代步伐，激发创新变革内生活力

黄酒是传统历史经典产业，面对新形势新要求，需要赋予其时代新的内涵，激发其新的活力。构建优秀黄酒企业文化，对内要与员工心灵共鸣、与企业发展共鸣，对外要与时代共振、与未来发展潮流共振，通过打造企业文化的特色魅力，展现品牌的独特风姿，从而形成强大的品牌传播效应。

三、要坚持开放包容，推动优秀企业文化走向世界

黄酒蕴含着温和敦厚的中华优秀传统文化，它是民族的，更是世界的。随着中国国力的不断增强和中华文化的大力传播，富有中国传统文化特色的黄酒将越来越显示其独特的魅力，成为中华文化的一个重要符号。黄酒企业要坚持“中西合璧”，兼收并蓄，努力把黄酒打造成为具有辨识度的中国文化标志之一，通过讲好黄酒故事、积极出海拓市，将黄酒的影响范围拓展到全世界，引领绍兴黄酒再行天下，中华国酿香飘世界。

（执笔人：张志坚）

案例

13

“四融入”构筑育人新格局

○ 杭州航天电子技术有限公司

○ 杭州航天电子技术有限公司大楼

背景介绍

杭州航天电子技术有限公司（以下简称：杭州航天电子公司）是国内航天连接器的核心配套专业企业，公司全面服务军民领域，坚持走专精特新技术路线，以分离脱落连接器为代表的产品广泛应用于以长征运载火箭和神舟飞船为代表的星、弹、箭、船、器等国家重点型号，航天型号覆盖率达95%以上，并推广应用于航空、兵器、船舶、电子等军用领域，在核电、铁路、电力、煤炭等行业的高端民用领域拥有稳定的市场。公司被认定为浙江省隐形冠军企业、国家级专精特新“小巨人”企业，成功入选杭州市“未来工厂”，获评2018年浙江省十佳企业文化品牌建设优秀单位、2020—2021年集团公司文明单位、2021年全国模范职工之家。

随着国防建设与航天事业的深入推进，建设航天强国的使命对广大航天人思想道德素质、责任担当意识等都提出了新的更高的要求。面对新形势、新任务、新要求，杭州航天电子公司党委认真学习贯彻

○ “党的十九届六中全会精神大讲堂进班组”活动现场

落实习近平新时代中国特色社会主义思想，特别是关于思想道德建设的重要论述，以企业文化大讲堂为载体，通过“四融入”（融入中心任务、融入文化培育、融入党史教育、融入品行修炼）打造形势任务教育“前沿阵地”，有力提升干部员工思想能力水平，为促进“三高”（高质量、高效率、高效益）全面发展提供了坚实的政治思想保障和人才队伍支撑。

主要做法

一、融入中心任务，强化责任担当，打造干事创业“强引擎”

杭州航天电子公司改变以往主要由宣传部门自己讲形势任务的传统模式，依托企业文化大讲堂，将形势任务教育融入科研生产、经营发展等各个环节，变“自己说”为“领导讲、同事谈、青年唱”，助推企业进一步提升产品质量、服务水平和品牌形象。比如，总经理带头宣讲新时代航天质量要求，引导全员树立“零缺陷”质量理念；优秀的型号保驾人员走上讲堂现场谈质量，分享型号保驾小故事，号召各班组长做好班组质量管理的第一责任人；开展“薪火相传”技能大讲堂活动，围绕数字化转型及操作实践、总线电缆制作工艺等主题，为员工讲授技能知识；广大青年制作“保密故事大家谈”“航天青年安全有说唱”等学习视频，有效提升宣传教育的覆盖面。

二、融入文化培育，提升精神素养，赋能作风建设“动力源”

杭州航天电子公司着眼凝心聚力、立德铸魂，通过企业文化大讲堂融入文化培育，既注重“面上铺开”，又注重“点上深入”，激活高质量发展内生动力。公司党委书记带头开展“‘两弹一星’精神　感悟无私奉献情怀”主题宣讲，开展团员青年“航天元勋故事说——移动小讲堂”、新员工入职第一课“矢志不渝，逐梦星辰大海——航天精神大讲堂”、航天日之“不忘航天报国初心　牢记航天强国使命”主题宣讲活动等，教育引导广大干部员工传承弘扬航天精神，强化使命担当。在以航天精神充实底色、凝聚人心的同时，公司将廉洁文化引入大讲堂，开展“担责任、讲勤廉、作表率”“勤廉承诺”“阳光履职”主题教育；搭建“青马读书分享会”平台，让11名优秀的青马读书会成员纷纷走上大讲堂，营造书香文化氛围；组织质量、保密、安全、法律等相关知识竞赛，开展“向不良习惯说不”“告别陋习，规范行为”和“我为质量尽责　质量靠我保证”承诺签名活动，多措并举构筑质量安全防线，积极营造合规保密氛围。

三、融入党史教育，传播红色能量，汇集思想感召“凝聚力”

杭州航天电子公司发挥企业文化大讲堂独特优势，开展“劳模工匠讲党史、话奋斗”“优秀党员焦点访谈”“听航天前辈讲企业发展史”活动，优秀微党课、团支部巡讲等，用通俗易懂的语言、鲜活真实的事例给全体职工讲述党史、航天事业发展史和企业厂史，教育引

○ 航天电子青年员工正在进行现场演讲

导广大党员干部传承红色基因，勇于担当作为。开展“党的十九届六中全会精神大讲堂进班组”活动，让员工先进典型结合个人所见所闻、所思所想、所学所感为学员开展主题宣讲，其中《航天人 航天梦》宣讲视频被“学习强国”平台转载，取得良好传播效果。

四、融入品行修炼，培育崇德向善，筑牢和谐文明“新向标”

公司的企业文化大讲堂活动将“传统会场”变为“生动现场”，以身边人讲身边事、身边事教身边人、身边人说自己事，不断提升员工道德素养，营造崇德向善、见贤思齐、团结协作、互帮互助的和谐企业氛围。组织召开浙江省国防工业工会“复工复产先进个人”贺俊良同志先进事迹报告会，对出差途中“突遇火情 见义勇为灭火”的王辉、“拾金不昧的航天好员工”丁春雷等同志的先进事迹进行宣讲表彰。此外，党支部开展去敬老院、福利院慰问，组织义务献血、成立科研生产一线保障突击队、“学雷锋见行动”、区核酸检测志愿者活动等都成为大讲堂的宣讲素材，不仅为大讲堂活动提供了丰厚的故事资源，也使大讲堂成为开展形势任务教育、引领道德风尚的生动舞台。

○ 公司开展“航天书信里的家国情怀”主题青马读书会

成效和启示

企业文化大讲堂活动作为形势任务教育的一种创新形式，在实践探索中要坚持月月有主题、季季有高潮、年年有提升，不断增强活动的实效性和认可度，目前，企业文化大讲堂已经成为杭州航天电子公司企业文化传播的重要平台，在员工素养提升、人才队伍建强方面发挥了巨大作用。

一、“多元化”覆盖式推广，让文化传播影响力“火”起来

企业文化应覆盖公司的每一个角落，触达每一位员工的内心，以丰富多彩、生动活泼的活动形式让文化传播更具影响力。“上下同欲者胜”，杭州航天电子公司的企业文化大讲堂活动一直以来注重从高层、中层直至一线员工的广泛参与，将形势任务教育与企业文化核心理念相结合，从凝练培育、发布宣讲、融入宣贯、成果延展等方面多层次、全覆盖地开展思想传播，传播到每一个部门、每一个岗位、每一位员工，引导员工在实践中寻找根基、认清形势、树立信心、凝聚队伍、拼搏奋进，形成了企业高质量发展的强大合力。企业文化大讲堂活动的有效落地，为圆满完成重大工程任务、推动改革发展顺利进行营造了良好氛围，提供了坚强的思想政治保障。

二、“集智力”互动式践行，让文化建设参与度“热”起来

企业文化建设需注重员工的参与和认同。杭州航天电子公司通过广开言路、群策群力，集合大众智慧和力量，让文化建设更贴合员工口味。传统的形势任务教育一般都是由宣讲人向员工传递观念的单项教育，可能会使员工处于一个被动接收的角色，参与度不高，而通过企业文化大讲堂的形式，能够让宣讲人与广大员工面对面交流，省去网络、纸媒等介质，完整展示宣讲者的感染力，使聆听者更投入、代入感更强。员工可就自己感兴趣的话题现场提问或表明观点，有效提

高交流效率，从而对企业文化有更深入的了解，并萌生积极参与企业文化建设的意愿。同时，通过开门办活动，充分发挥党工团合力，面向基层、面向一线，把统一组织教育活动与群众自发开展活动结合起来，推动企业文化大讲堂活动“热在一线、热在党支部、热在班组”，让广大优秀员工尤其是青年员工参与到组织实施过程中来。在活动中，青年员工实现了自我革新、自我历练、自我成长，能够助力不断完善企业管理、推进事业部制改革、推进科研生产模式优化升级、加快航天技术应用及服务产业市场化转型，从而在有力保障以空间站建造为代表的型号任务等重大重点工作中发挥主力军作用。

三、“日常化”聚力式融入，让文化思想认同感“浓”起来

员工对企业认同感越高，工作起来才会更有效率，更愿意同公司一起成长、一起进退，这需要日常活动中潜移默化的积累和坚持。企业文化大讲堂的活动形式有利于将企业核心价值融入员工身边凡人凡事，见于日常工作生活，使其真正成为广大干部员工的普遍共识和自觉行动，引领员工在实现企业高质量发展的目标路径上见功见效。在企业文化大讲堂活动中，各级员工敞开心扉，畅谈对文化思想的认识；在实际工作中，员工结合自身在活动中的收获，思考如何改进工作。一方面，广大员工的工作实践为企业文化添砖加瓦，另一方面，优秀的文化宣讲激励员工努力提升工作能力，以双向奔赴实现“双赢”。

（执笔人：杨先磊）

案例 14

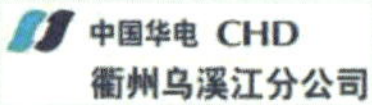

厚植爱国情怀，擦亮“水电摇篮”名片

○ 中国华电集团有限公司衢州乌溪江分公司

○ 黄坛口水电站全貌

背景介绍

中国华电集团有限公司衢州乌溪江分公司（以下简称：乌溪江公司）下辖湖南镇水电站和黄坛口水电站两座梯级电站。其中黄坛口水电站是新中国成立后，在中国共产党领导下，发扬自力更生、艰苦奋斗的革命精神，第一座由我国自行设计、自行建造、自行施工的中型水电站，于1951年10月1日开工建设，1958年5月1日首台机组投产发电，被誉为“浙江第一颗夜明珠”“新中国水电建设摇篮”。

○ 公司志愿者为衢州市黄坛口小学生讲解发电原理

乌溪江公司始终牢记“把红色资源利用好，把红色传统发扬好，把红色基因传承好”的政治任务，对水电摇篮精神挖掘、工业设施保护、基础设施完善、业务接待等方面进行改造提升，并焕发出勃勃生机。黄坛口水电站旧址于2021年9月入选浙江省爱国主义教育基地名单。近年来，共接待爱国主义参观教育人数5000余人，在厚植爱国情怀、培育时代新人方面做出了积极贡献。

主要做法

一、拓宽平台载体，新建黄坛口水电站展示馆

公司实施电站工业遗存保护，启动电站“活化利用”建设。一是对工业遗存实施硬件利用。公司完整保留了20世纪50年代建成的电站厂房、大坝、中央控制室、浙江省第一条110KV线路等建筑物。依托电站厂房建立水电展示馆，保留仍在运行的四台水轮发电机组以及退出历史舞台但仍保存完整的中央控制室。二是利用展陈还原建设场景。利用800平方米的展陈面积，将收集到的潜水服、发电纪念章、老照片等电站建设过程中相关实物、珍贵文献资料以及各类报道，通过一整面墙进行展示，按照电站建设发展历程真实还原工程建设过程中的场景。重点还原一个老班组学习活动场所，布置1953年黄坛口电站建设时期典型人物（潘家铮、马君寿等）绘制的图纸，以及电站建设时期使用的老工具、老桌椅、黑板报、劳动竞赛展板、工作学习笔记等老物件。三是筹建趣味电力科普体验馆。2024年正筹建集科普教育、环保宣传和数字互动于一体的趣味电力科普体验馆，进一步丰富爱国主义教育内涵，将水电工业科普元素生动融入其中，给参观者以身临其境的感受。

二、立足文化底蕴，挖掘整理黄坛口电站文化产品

公司注重挖掘优秀文化资源，打造优质文化产品。一是整理挖掘建站历史故事。公司根据厂志中记录的“1956年，中央新闻纪录片厂到工地拍摄纪录片”线索，几经辗转，找到原始纪录片视频，并获得素材使用权。随着挖掘工作的深入，围绕黄坛口电站的建设，相关文艺作品热烈涌现，其中包括由浙江人民出版社出版的《浙江第一颗夜明珠——黄坛口水电站》，潘家铮的《春梦秋云录》，电站自己编印的刊物《乌溪江文艺》《可爱的乌溪江》等。二是开展“口述历史”文化主题创作。公司党建工作部投入专门力量遴选参与黄坛口电站建设

的13位85岁至90岁的高龄老工人，对他们进行访谈，积累视频、录音、文字等原始素材达15G，自编自导自演制作完成《黄坛口电站建设历史》纪录片，在展示馆进行展示。三是推出电站建设发展相关的系列文化产品。公司近年来创作了微电影《水电摇篮，70年匠心传承》、图文作品《水电摇篮的劳动者》《一条江的前世今生》等一系列文艺作品。

三、开展文化惠民，讲好“水电摇篮”新的故事

公司履行央企责任，积极投身社会服务。一方面，量身定制导游路线，营造沉浸式红色教学氛围。根据不同需求人群，设计导览路线、制定“红色菜单”。定期主办科普宣传活动，带领社会公众走进电站，由电站专业技术人员结合水电站生产现场，进行科普宣传，让受众直观了解发电生产过程。发挥校企合作基地功能，组织优秀师资力量对参加实训的大学生开展生产现场安全管理规定和电站运行培训，为他们适应水电站工作打下良好基础。另一方面，搭建志愿服务平台，提供免费全程陪同讲解。公司采用自主报名的方式，组建了一支对厂史感兴趣、爱国爱党爱生活的青年志愿服务队。公司敞开大门迎接社会公众，社会组织只要拨打预约热线，就能获得公司青年志愿者提供的免费全程陪同讲解。不仅如此，志愿服务队还走出厂门，到各个平台进行宣讲，唱响“水电摇篮”好声音。

成效和启示

一、在红色资源挖掘中汲取继续前行的力量

在筹建展厅过程中，公司向全体职工以及社会公众发出邀请，共

同努力挖掘整理出电站建设时期的图片实物，在梳理过程中重塑公司全体干部职工的价值观，让大家多一份珍惜与担当。公司将展厅建在老厂房内，一侧陈列至今仍然旋转如初的20世纪50年代的发电机组，另一侧展示建设时期的图片、实物，重新唤醒沉睡的历史记忆。展厅既回顾历史，又展现当代甚至展望未来，形成了具有乌电特色的工业遗产保护利用模式：既可成为企业文化的集中展示场所，让职工在这里能够追忆繁华岁月，也能激励职工继往开来、砥砺进取、奋勇前行。

二、在红色资源传承中点亮水电摇篮精神

工业遗产凝聚了黄坛口水电人的情感记忆，是大家共同的精神家园。“红色潜水员”“黄坛口大坝与苏联专家”等红色故事集中体现了水电人自力更生艰苦奋斗的创业精神。从这座新中国水电建设的摇篮出发，秉持“水电摇篮精神”，乌溪江公司充分发挥乌溪江水资源优势，建设湖南镇水电站、湖黄两站扩容及增容改造工程，并在新时代不断自我超越，进军绿色新能源行业如分布式光伏、混合抽蓄等，向着一流综合绿色能源企业的目标稳步前行。

三、在红色资源利用中播种红色理想的种子

在保护工业遗产的基础上，乌溪江公司根据资源属性和市场需求特征，发挥黄坛口水电站作为关心下一代党史国史教育基地的作用，与黄坛口乡中心小学、衢州市新星学校长期结对，常年接受学校师生参观。在带领参观讲述过程中，重点宣讲爱国主义精神、科学探索精神，让中小学生尽早接触工业、感受科技、培养兴趣，在孩子们的内心种下一颗崇尚科学的种子。通过多种活动形式让爱国情怀在新时代少年的心中生根萌芽，激发孩子们的民族自豪感、自信心和奋进力量。

（执笔人：周　萍）

案例

15

ZIB

“国贸四青学院”：唤醒青年“心”力量，践行国企新风尚

○ 浙江省国际贸易集团有限公司

○ 浙江省国际贸易集团有限公司文化展厅

背景介绍

浙江省国际贸易集团有限公司（以下简称“省国贸集团”）于2008年由原荣大集团、中大集团、东方集团合并成立，以商贸流通、金融服务、生命健康三大产业为主营板块。旗下各级企业300余家、员工2.7万余人，控股浙江东方、英特集团、康恩贝、亿利达4家上市公司，连续多年位列中国企业500强。

省国贸集团坚持以习近平新时代中国特色社会主义思想为指导，全面贯彻落实习近平总书记关于宣传思想工作的重要论述和中共中央、国务院《关于新时代加强和改进思想政治工作的意见》精神，匠心守护“红色根脉”，积极践行“忠诚、担当、奋斗、创新、清正”浙江国资国企新风尚，不断开辟高质量党建引领高质量发展新境界。在“火红国贸”理念统领下，创新青年群体思想政治工作载体，自主创办青马、青创、青合、青心“国贸四青学院”，锚定“排头兵、主

○ “国贸·领潮”宣讲专项行动启动仪式

力军、引领者”目标，团结带领广大团员青年永远跟党走、奋进新征程，在助力“两个先行”、助推“青年发展型省份”建设过程中，进一步擦亮“国企青年成色”，贡献“国企青年力量”，彰显“国企青年担当”。

主要做法

一、坚持“一心向党”，国贸“青马学院”培根筑魂，在守护红色根脉中追求“青马有光”

强化政治引领，聚焦“成为引领广大青年思想进步的政治学校”，打造“青马学院”。“青马工程”作为“青马学院”头号项目，由集团党委专题研究后正式发布，“青马班”创新推出“1154”培养模式，全面实践青马“四度修炼”，打造国企青马样本。集团先后推出“行走的青年读书会”等青年创新载体，走进不同建功现场，贯彻“读无字之书，行实践之路”等主题理念。“国贸新青年”宣讲团通过“六个一”实现系统建强，主动投身“浙青年·爱学习”热潮，深度参与“六学”大联动、“三百”大宣讲，形成了“五个创新学”“六进六讲”等特色成果，获评全国优秀理论宣讲微视频、浙江省“共富·青年说”挑战赛特等奖等。

二、坚持“一心干事”，国贸“青创学院”久久为功，在筑梦一流中力争“青创有位”

强化岗位建功，聚焦“全力成为组织广大青年永久奋斗的先锋力量”，打造“青创学院”。先后举办青创赛、青创节等，不断优化创新生态。邀请内外部专家担任青年“赋能导师”，开设“青创赋能营”，从不同维度给予青年成长助力。近年来，集团已有累计数十名青年入选“浙江青年工匠”培育项目，多名青年获国家级、省级技能比武大赛奖项。以“青”字号品牌系列创建为抓手，通过品牌带动全局，激发青年建功热情。集团牵头联合多家单位发起“浙企新青年合创”行动，为青春建功创造更多可能性。

三、坚持“一心同行”，国贸“青合学院”建功担当，在服务大局中凸显“青合有为”

强化组织建设，聚焦“全力成为紧跟党走在时代前列的先进组织”，打造“青合学院”。发起“我心中的国贸新青年”画像征集，组织百余名青年共创十大关键词。抗疫战场，见青年无畏。抗疫期间，集团始终以“全国抗疫先进集体”的站位肩扛使命，夜以继日奋战“保供战场”，有效保障了全省医疗机构的药械需求。共富场景，见青年担当。围绕“火红国贸　共富先锋”总体定位，联合推进青年山海协作行动升级版，集团与江山市、绍兴市柯桥区、杭州市钱塘区等地方团委联合举办“青春帮共体，携手创共富”主题活动，将服务和资源送达共富一线。志愿现场，见青年奉献。青年志愿者成为省国贸集团履行社会责任、真情奉献群众的重要力量，先后涌现了“肺腑之爱”“艺心向阳”等一批以青年为主体的志愿服务品牌项目。

四、坚持“一心向暖”，国贸“青心学院”双向奔赴，在文化入心中实现“青心有味”

强化青年服务，聚焦“全力成为党联系青年最为牢固的桥梁纽带”，打造“青心学院”。充分尊重青年主体地位，组织开展青年综合大调研，百名青年百问百答、面对面交流等，系统了解青年并靶向回应青年。着眼“关键小事”，通过开展心理赋能、联谊派对等活动，为青年心理增强“正能量”。创办电竞社、国风社、音乐社等一批青年社团，丰富员工业余生活、助力青年友爱团结。集团文化品牌全面焕新，并主动开展“高质量推进国有企业文化建设”课题研究。在杭州亚运会倒计时1周年之际，集团联合浙江音乐学院、浙江日报传媒有限公司在杭州市城市阳台举办“共享人文亚运，唱响活力国贸”迎亚运主题青年音乐节暨国企新风尚活动，感召广大青年以独特的方式与亚运同频，与时代共振。

成效和启示

省国贸集团通过抓好青年群体的思想政治教育工作，增强青年员工的政治觉悟和思想认识，激发他们的工作热情和创造力。同时，这也启示我们要不断关注青年群体的成长与变化，及时调整工作策略，确保思想政治教育工作始终有的放矢、富有实效。

一、要创“新”，丰富学习载体，引领青年群体奋勇前行

依托“行走的青年读书会”等创新载体，将传统的单向灌输转变为多维交互，将“青年大学习”融入不同的时代建功大场景，通过青春创新学连接更广的社会人文大视角，让越来越多的青年期待加入“读无字之书，行实践之路”的共学共悟之旅，实现学思践悟一体推进，让青年创造力和创新精神得到充分激发，引领他们在新时代勇攀高峰。

二、要创“薪”，迭代培养模式，支撑青年队伍薪火相传

以“1+1”的青年创客培养模式，为青年创客提供全方位的支持，实现既“出卷”办创赛，也“开课”做辅导，为青年队伍的薪火相传注入了新的活力。

三、要创“心”，坚持真情服务，促进青年与时代“心心相惜”

时代呼唤青年，青年造就未来。要通过组织对青年真情真意的服

务，引导青年在“小我”的世界里慢慢滋养出“大我”的格局，让更多青年愿意选择相信爱并付出爱，主动服务大局、回馈社会，从而促使组织和个人共绘一幅幅双向奔赴的美好画卷。

四、要创“星”，搭建展演舞台，激发青年未来无限潜能

默契回应青年所盼，搭建各类“青年新风尚”舞台，让员工尽情展现才华与魅力，促进青年员工在奋斗拼搏的过程中获得更丰富的生命体验，为青年提供全生命周期的赋能。

（执笔人：陈　金）

国家电网
STATE GRID
国网宁波供电公司
STATE GRID NINGBO ELECTRIC POWER SUPPLY COMPANY

案例 16

基于“时代楷模”精神引领的国有企业典型培育选树模式

○ 国网浙江省电力有限公司宁波供电公司

○ “时代楷模”钱海军（右一）在孤寡老人家中免费维修照明线路

背景介绍

国网浙江省电力有限公司宁波供电公司（以下简称：宁波电力）是国家电网有限公司大型供电企业之一，在主动服务宁波经济社会发展大局、积极履行电网企业使命责任的过程中，践行新发展理念，服务新发展格局，始终以习近平新时代中国特色社会主义思想为指导，坚决贯彻落实国家电网公司、省公司以及市委、市政府的决策部署，坚持稳中求进工作总基调，坚持高质量发展主线，深刻领悟“电等发展”时代新内涵，锚定中国式现代化电力企业宁波标杆“一个目标”，加快推进电网和公司“两个转型”，牢牢把握新型能源体系引领者、“两个示范”排头兵、服务宁波先行官的“三大定位”，奋力打造安全保供、电网发展、优质服务、企业转型、党建引领“五个标杆”。

宁波电力先后荣获全国文明单位、全国工人先锋号、全国“安康

○ 钱海军（左一）在西藏自治区仁布县开展“千户万灯“项目

杯”优胜企业等荣誉，涌现了以“时代楷模”钱海军、全国五一劳动奖章获得者张霁明等同志为代表的一批先进典型。宁波电力聚焦学习宣传“时代楷模”钱海军先进事迹，总结归纳培育选树路径，学习宣传特色亮点，总结提炼典型培育的机制和特色模式，创新探索以“时代赋能选好人、精神驱动鼓舞人、楷模带动引领人”为三大核心要素的典型选树路径，为新时代国有企业先进典型选树、企业文化赋能提供了样板和经验。

主要做法

一、坚持高扬旗帜，多维度选树挖掘

聚焦浙江共同富裕先行示范区的定位，将服务优质、管理创新、业绩突出的集体和个人纳入典型选树视野，推动高素质人才深度培育、脱颖而出。广泛开展“人人争做最美”“寻找身边的最美”“推荐心中的楷模”活动等，形成干部职工学有榜样、行有示范的生动局面。立足“可量化、可视化、可感知”，依托线上数据穿透分析，绘制典型人物画像，规划发展培育路径，补齐短板弱项，引导全体职工见贤思齐、择善而从，取得重大进展和积极成效。

二、坚持因人施策，多渠道培育提升

建立各级各类人才库、典型资源库，实现“发掘入库、选树宣传、表彰学习、推荐推广”的流程化管理，从薪酬待遇、晋升通道等方面加强正向激励，实现从个体先进引领带动到群体先进不断壮大。有针对性地为员工搭建成长路径、提供各项资源、创造锻炼机会，不断提升人才示范价值。坚持培育知识型、技能型、创新型先进典型，

注重把思想基础好、个人素质好、工作勤奋、业绩突出的员工放在重要岗位上、放到突击任务中去，在工作实践中锤炼担当奋斗的过硬本领，在工作竞赛比武和业绩考评中发现先进典型，使更多层级的先进典型在竞争和考验中崭露头角。

三、坚持面向大众，多形式传播展示

建立党建部门、宣传部门、基层单位与政府宣传部门、主流新闻媒体多方联动宣传机制，策划主题巡回宣讲。对外，集合各种新闻媒体力量进行集中采访、集中报道，创作生动鲜活的原创文艺作品；对内，坚持用身边事迹教育身边人，结合党内学习教育节点任务，广泛开展主题传播活动，通过公司网站、移动展板等载体开展全方位、多渠道、深层次的宣传工作，增强宣传整体效应。

四、坚持典型示范，多举措引领带动

坚持把基层一线作为先进典型选树和作用发挥的主阵地，建立“劳模班组”“劳模创新工作室”，开展“导师带徒”“党员先锋岗”等活动，充分发挥先进典型的示范、引领、帮带作用。例如“时代楷模”钱海军成立了钱海军志愿服务中心，他三十年如一日投入到电力服务工作中，带领团队投身脱贫攻坚、乡村振兴一线，推动先进典型作用从个体向集体辐射，由点向面拓展。

五、坚持以人为本，多方位关爱关怀

积极提供资源平台，做好支持帮助，为先进典型创造更多的学习培训机会，在技术评定、提拔晋升、教育培训等方面给予优先考虑。例如在巡回宣讲、外出活动、个人保护、工作待遇等方面给予关爱和支持，让先进典型心无旁骛、干事创业。协调相关部门以及单位组成荣誉管理工作小组，明确职责分工、强化工作筹划、推动多方沟通，常态化开展先进典型后续管理，促进各项关爱措施落地落实。

成效和启示

一、紧扣时代“主旋律、最强音”

先进典型是有形的正能量、鲜活的价值观，“时代楷模”更是其中的价值标杆。宁波电力突出时代导向，遵从人心理活动的特点和规律，通过各种方式大力挖掘、选树不同领域的优秀典型，不断产生、带动更多的楷模榜样，传承弘扬奋斗精神。充分基于职工现实生活与精神生活选树榜样，有利于降低职工学习、仿照、借鉴榜样的难度，鼓励引导广大党员干部职工在保障电力供应、推动能源转型中争当先锋。

二、聚焦人物“选得准、立得住”

典型培育是一项长期的持久性工作，必须突出重点挖掘，建立推荐选拔机制，通过基层支部推荐、群众票选、党委审核把关等方式，综合评先选优；必须建立专业部门资源整合、职能部门横向协同的推进机制，形成上下联动、程序规范、广泛参与、常态推荐的工作格局；必须坚持流程管理、责任到底，在组织上协同运作，形成横向到边、纵向到底的网格化协同机制；必须注重资源统筹，积极为“劳模工作室”“科创团队”等平台建设提供政策、资金、人力等支撑，充分发挥先进典型业务专长和技术优势，不断扩大典型宣传影响力。

三、实现宣传“叫得响、传得开”

培育塑造一个先进典型，就是在职工队伍中树起了一面旗帜，营造看齐先进、学习先进、争当先进的浓厚氛围，充分发挥示范引领作用。打好宣传持久战，持续保持宣传温度，引起员工情感的共鸣，激发员工工作的热情。创新搭建线上平台，网格化展示品牌，提升楷模形象的饱和度、立体感。聚焦不同层级的典型培育，积极开展学习宣传活动，发挥典型人物凝聚人心、弘扬正气、催人奋进的带动作用，产生“一花引来万花开”的效应，形成“老典型常树常新，新先进层出不穷”的良好工作局面。

四、突出内容“数字化、特色化”

宁波电力立足创新线上数字化名人堂，明晰三级阶梯式培育路径，实现前端交流展示、互学互鉴，后端培育科学精准。组织针对线上建议策略，及时更新特色培养计划，有针对性地为不同层级、特长的员工补齐短板弱项，拓宽成长路径，让典型示范作用于企业发展，形成良性循环效应。

（执笔人：徐光超）

案 例

17

一“建”如故，薪火相传

○ 浙江省一建建设集团有限公司

○ 浙江省一建建设集团总部办公基地

背景介绍

浙江省一建建设集团有限公司（以下简称：浙江一建）是浙江省建设投资集团的重要组成成员之一，前身为创立于1949年7月的浙江建筑公司。历经浙江省建筑工程公司第一工程处、浙江省基本建设局第一工程处、浙江省第一建筑工程公司等12次机构改革和名称变更，于2001年6月完成整体改制，现已发展成为一家集房建施工、安装、装修、幕墙、钢结构、地基基础、市政工程等多元化经营为一体，经营足迹跨越全国30多个省区市，拥有30余家分支机构的大型国有企业。

2022年，中共中央办公厅印发了《关于加强新时代离退休干部党的建设工作的意见》（以下简称《意见》），阐述了老干部工作的重要地位和作用。《意见》强调，离退休干部是党和国家的宝贵财富，是推进新时代中国特色社会主义伟大事业的重要力量。在75年改革发展历程中，一代又一代一建人栉风沐雨、砥砺奋进，完成了一项又一

○ “一‘建’如故”线上专栏系列封面

项具有代表性的经典建筑工程。为深入挖掘企业内部离退休老干部老党员老职工资源，充分发挥老劳模、老工匠的先锋模范作用，浙江一建党委打造“一‘建’如故”老干部工作案例，在对离退休老干部老党员老职工尊重、关爱、服务的同时，鼓舞在职员工学习他们在社会建设、企业发展过程中的奋斗精神和宝贵经验，将广大老前辈的品质精神更好地转化为企业治理效能，引导新一代一建人做新时代工匠精神的传承者，推动企业各项工作高质量发展。

主要做法

一、树立一个品牌，打造有温度的企业文化

浙江一建以“家”文化为核心，打造有温度的企业文化，搭建以共创家业为根本目标的价值体系和行为模式——家长（领导）关怀家庭中长辈（离退休干部职工），关心关爱家庭中小辈（青年职工），长辈为家庭中的成员提供精神支撑与经验指引，小辈接受长辈的帮助与支持，通过长辈、家长、小辈的凝心聚力、共同努力，让家庭持续健康发展。通过“家”文化纽带，贯通企业75年的历史发展脉络，让企业离退休管理制度变得更加人性化、亲情化，也让新一代一建工匠为实现企业愿景不断萌生创新意识。

二、着眼三个维度，塑造有特色的一建品牌

立足“人”的维度，从老干部独家记忆中撷取大国工匠的闪光点。浙江一建是拥有红色基因的国有企业，涌现了许多为了国家发展、社会进步而努力的先进人物。立足这一实际，我们成立“一‘建’如故”工作小组，老干部办公室、党群工作部、工会、团委同

步联动，通过老前辈口述历史，引领全体员工回忆企业筚路蓝缕、艰苦奋斗的创业故事。同时努力突破个体局限，深入挖掘人物经历和企业发展历史时期的关联，展现出各个时期大国工匠身上所共有的劳模精神、劳动精神、工匠精神。着眼“物”的维度，从时代经典建筑中找寻工匠精神契合的连接点。浙江一建联合浙江省展览馆、《浙江日报》、杭州市文物遗产与历史建筑保护中心，收集整理出浙江一建各个年代承建的数百个重点重大工程，又从中筛选出最具代表性的经典建筑。邀请老同志重返经典建筑现场，为青年工匠介绍其建设过程中的攻坚克难、技术创新，用经典建筑本身在行业领域中的影响力来引起新老建设者对工匠精神的情感共鸣。把握“史”的维度，从企业改革之路中梳理国企高质量发展的立足点。浙江一建以发展的眼光和系统的思维，挖掘企业及下属各分（子）公司诞生、发展资料，重温企业地址变迁、不断发展的道路，邀请退休的分公司经理为青年员工讲述分公司的变革历史，明晰分公司组织架构，收集历代画册和报纸，在补全企业发展历史各块拼图的同时，激发起当代一建人重塑企业辉煌的热情。

三、聚焦五个活动，营造有温情的文化故事

做一场专访，筛选具有代表性的老干部、老职工，特别是始终扎根在项目的优秀工匠，采访整理他们的奋斗故事，形成“一‘建’如故——老一建人讲老一建事”专题系列。开一场讲座，邀请身体强健、愿意宣讲的老前辈到“一建大讲堂”，讲述企业发展故事、自身奋斗经历。寻一次经典，与经典建筑设计方、业主方形成联动，邀请老前辈亲临现场重温经典建筑建设过程。组织青年员工开展“一‘建’寻踪——寻访经典建筑”主题活动，感受曾经的工程品质、拳头工艺。做一次宣讲，充分用好企业青年宣讲团，将“一‘建’如故”专题报道内容统筹梳理，对在建项目开展全覆盖宣讲。送一份珍藏，为离退休老干部、老职工定制以公司近年来承建的各类经典建筑

为主题的台历、画册及企业文化书籍，在关心老前辈退休生活的同时，让“退休不退志”的老干部职工对集团近年来的发展有更加深入的了解，从而为企业改革发展建言献策。

成效和启示

浙江一建在关爱关怀离休老干部精神世界、生活质量的同时，引导新时代一建工匠追忆企业辉煌历程、吸收老前辈宝贵经验，为全省打造共同富裕示范区建设贡献国企力量。相关做法被评为全国工程建设企业文化建设最佳案例、浙江省老干部工作优秀创新案例，入围第六届基层党建创新典型案例，被《建筑时报》、杭州市文保中心官微转载报道，累计阅读量突破10万人次。

一、变“倾听者”为“讲述者”

浙江一建改变惯有的拜访慰问形式，让老前辈从企业发展现状“倾听者”转变为发展历程“讲述者”和发展走向“建言者”。邀请老前辈走进“一建大讲堂”、项目工地，讲述企业奋斗史、建设史、发展史，引导青年职工、一线工人成为企业发展坚实力量的同时，也让老前辈感受来自企业的尊敬、重视和关怀。

二、变“统一规划式”为“量体裁衣式”

“一‘建’如故”工作小组充分梳理前辈生平经历、工作荣誉，针对性地进行采访，发掘其自身亮点，并“量体裁衣”提供服务，让老干部成为企业发展宏大叙事过程中的历史“绣花针”。通过翻阅历史报道，挖掘出1956年参与过全省群英会的何玉昌事迹、辗转联系上1985年被团省委授予“新长征突击队”称号的青年突击队队长陈

亚珍，这些光荣故事充分展现老一建人的飒爽英姿。通过采访建立与老前辈的长期联系，持续为他们的生活提供服务保障和便利。

三、变“平行线”为“相交线”

在追溯历史的同时，打通企业退休人员管理工作与项目党建活动，架起沟通不同时代建设者的桥梁。把孙宜宜、袁介同、袁培生等前辈编写的全国油漆工培训教材、浙江一建开办的全国油漆培训班台账、潘金松亲手制作的石斧工具呈现给新一代建设者们，不断增强青年工匠对企业的认同感、归属感、荣誉感，提升其项目工程创优夺杯实力、高质量发展能力。

（执笔人：洪凯文）

案 例

18

OSM
欧诗漫

珍珠梦，民族梦，百年梦

○ 欧诗漫控股集团有限公司

○ 欧诗漫控股集团有限公司外景

背景介绍

欧诗漫控股集团有限公司（以下简称：欧诗漫）地处世界珍珠养殖技术发源地——浙江德清，始创于1967年，是一家以人类的健康美丽为己任，致力于与珍珠有关的养殖、科研、加工、销售和文化旅游等业务的世界一流健康时尚企业。公司主要经营珍珠系列化妆品、保健品和珠宝首饰系列产品，拥有“欧诗漫”“百花萃”等品牌，被誉为“珍珠美肤世家”。

欧诗漫拥有国家级工业企业设计中心、省级企业技术中心、省级重点企业研究院、省级院士专家工作站。欧诗漫珍珠文化园被认定为国家工业旅游示范基地、国家3A级旅游景区。公司被评为农业产业化国家重点龙头企业、国家高新技术企业、国家专精特新“小巨人”企业、国家制造业单项冠军培育企业、国家知识产权示范企业、国家电子商务示范企业、国家级绿色工厂。

企业发展短期靠机会，中期靠实力，长期靠文化。欧诗漫始终专注珍珠产业，秉承“让世界共享珍珠美”的使命，围绕“成为世界一流健康时尚美丽企业”的愿景，在“说真话、办实事”的企业精神指引下，矢志珍珠，传承匠心，怀揣“珍珠梦、民族梦、百年梦”，深入挖掘并传承弘扬中国传统珍珠文化，走出了一条文化和品牌相互促进发展的新路子。

主要做法

一、溯珍珠之源，圆珍珠梦

深入挖掘“珍珠之源”文化。能成为“百年老店”的优秀企业，都有其物质文化和精神文化的脉脉相承，走过57年岁月的欧诗漫也不例外。多年来，欧诗漫一直致力于深入挖掘“世界珍珠之源”文化资源。经过研究证实，公元11至13世纪，南宋湖州府人士叶金扬发明了附壳珍珠养殖技术，在德清钟管、十字港一带进行了大规模推广，后传入欧洲和日本，影响世界。这是世界珍珠养殖历史上的一次重大发明。因此，德清是名副其实的世界珍珠养殖技术发源地。

全力推动“德清珍珠”申遗。基于大量的史实研究成果，在德清县人民政府的领导下，欧诗漫全面系统挖掘“世界珍珠之源”文化资源，积极推动“浙江德清淡水珍珠传统养殖与利用系统”申报中国重要农业文化遗产工作。“浙江德清淡水珍珠传统养殖与利用系统”于2017年被列为第四批中国重要农业文化遗产，2019年正式入选中国全球重要农业文化遗产预备名单。同时，在欧诗漫等龙头企业的带动下，“德清珍珠”已从单一养殖线衍生出众多加工产品，形成集珍珠养殖、加工、销售、科研、文化旅游为一体的综合性、全产业融合发展的态势。

潜心探索“珍珠成分”科研。1967年，欧诗漫创始人沈志荣在叶金扬古老珍珠养殖技术的基础上，相继攻克人工淡水珍珠养殖三大核心技术，为我国现代淡水珍珠的规模化养殖奠定了坚实基础。此后，欧诗漫成立珍珠研究院，加强与国内外高校及科研机构的产学研合作，建立了省级院士专家工作站，综合研发能力达到国际一流水平。经过多年的自主研发，公司目前已拥有亚微米粉体、珍珠多肽提纯、珍珠发酵、基于细胞水平的“珍珠＋”复配等四大核心技术，获得珍白因Pro、珍珠酵粹等珍珠核心成分，累计拥有各项专利139项，主导或参与制定行业标准33项，走出了一条自主研发特色护肤产品的创新之道。

二、启珍珠之窗，燃民族梦

建设中华珍珠文化旅游基地。欧诗漫在深入挖掘“珍珠之源”的基础上，充分发挥文化的价值，以建设珍珠文化园为契机，建设欧诗漫珍珠博物院、珍珠研究院、GMP工厂和现代智能物流中心，打造一条集珍珠养殖、文化体验、工业观光、休闲购物于一体的精品珍珠文化旅游风景线，使珍珠文化园成为传承珍珠历史、弘扬珍珠文化的精神家园。目前珍珠文化园已被评为国家工业旅游示范基地、国家3A级旅游景区。

打造“珍珠研学”沉浸式体验。围绕珍珠农业遗产文化，欧诗漫打造沉浸式珍珠文化体验，包括泛舟采珠、参观珍珠博物院、珍珠课堂、手工DIY、珍珠球体育运动等丰富多彩的珍珠研学活动。研学团队可以走进遗产地核心保护区——小山漾淡水珍珠生态养殖基地，体验泛舟捞蚌；参观欧诗漫珍珠博物院，欣赏各类奇珍异宝；参加珍珠小课堂，了解珍珠蚌孕育的奇妙过程；亲手研磨珍珠粉和做珍珠粉入水实验；制作珍珠手链、漂亮的贝壳画；走进珍珠化妆品“未来工厂”，发现珍珠“变身”的神奇奥秘等，充分感受珍珠文化的魅力。

构建国家级贝类种质资源库。欧诗漫承担的国家级种质资源项目——德清县淡水珍珠蚌“育繁推”一体化示范项目，从源头上保护淡水贝类种质资源，通过建设种质资源保存池、核心群体保存池、亲本备份池等，预计将带动100多户养殖户发展绿色生态珍珠养殖技术，新增养殖基地5000亩，农户合计增收1500万元。同时，欧诗漫研发的繁育、养殖和防病新技术，可降低氮磷对水体的污染，让水体氮磷含量减少20%以上。相关项目在淡水贝类可持续发展、生物多样性保护以及自然与人类和谐发展方面发挥积极作用。

三、强研发创新，筑百年梦

实施“新珍珠战略”。近年来，欧诗漫大力实施“新珍珠战略”，把市场、设计、产品、品牌、电商等前端部门进行有机整合。面对复杂的市场环境，主动拥抱变化，对新媒体、新渠道、新模式进行深入研究布局，构建了多层次、全方位的品牌营销体系，推动品牌的年轻化、时尚化、国际化、高端化，建立明星产品和爆品的全链路打法与品牌渠道一体化运作模式。目前已成功推出单品美白淡斑面膜、珍白因水乳、珍白因精华、安心小白管、修抗“小橘灯”等系列产品，深受消费者喜爱。

创新“珍珠哲学”情感营销。欧诗漫注重走进女性消费者的内心，以洞察用户需求为核心，匠心打造情感溯源片《慢慢来》，通过聚焦品牌价值向用户输出人生观。同时，打造“珍珠爷爷”IP，传递“珍珠爷爷一辈子只为一颗珍珠”的专注与坚守精神，使其成为品牌的情感内核和符号。此外，欧诗漫联合多位B站情感博主和上万名网友共同回答“欧诗漫爱情100问”，以沉浸式营销强化品牌传播和市场渗透。在2024年3月8日国际妇女节这天，欧诗漫联合《人物》推出品牌短片《珍珠女孩，美在慢慢来》，同时在多平台推出“珍珠女孩慢慢来”系列传播企划，向用户传递长期主义的护肤理念。

“珍珠＋”助推企业转型升级。通过“珍珠＋”产品战略，助推企业转型升级。一方面通过“文化＋”的概念提升品牌附加值，另一方面，借助互联网提高品牌传播效率。在产品开发方面，欧诗漫通过“个性化定制”，将象征人们特有的价值观、审美情趣、行为导向的文化内涵融入产品当中。欧诗漫与老凤祥在珍珠文创领域进行跨界合作，双方共同打造极富特色的文创产品——佛像珍珠，将传统珍珠文化与现代年轻时尚的国潮相结合。欧诗漫注重突破传统，走出一条从“产品制造”到“文化创造”的创新之路，从而实现企业的跨越发展。

成效和启示

一、只有匠心钻研传统文化精髓，“活”态传承，才能广泛传播企业文化和品牌

欧诗漫开展的珍珠文化活动，突出了德清珍珠系统的农业文化遗产特色，同时又融入当地的风土人情，让游客拥有沉浸式体验，从而达到传播企业文化和品牌的目的。目前，欧诗漫珍珠文化园已累计接待国内外各类研学者10万余人次，每年开办农遗研学活动120场以上，已先后被认定为国家3A级旅游景区、国家工业旅游示范基地、浙江省中小学质量教育实践基地、浙江省科普教育基地、浙江省华侨国际文化交流基地。珍珠文化园免费发放农业文化遗产宣传明信片1000多张（套），接待省内周边以及全国各地的研学团队上百批，向社会各界传播博大精深的珍珠文化。

二、只有深刻洞察消费者需求，结合品牌文化内核，才能打造品牌特色文化理念

在生活节奏越来越快的时代，品牌不仅需要满足市场的功效需求，更需要满足消费者内心的情感需求。在洞察消费者情感需求方面，欧诗漫牢牢抓住人心，以“慢慢来”的品牌思路出圈。作为专注珍珠护肤的国货美妆品牌，从建立珍珠深加工产业链再到珍珠护肤成分的研发应用，欧诗漫坚守匠心57年。《匠心美在慢慢来》品牌宣传片荣获2023金狮国际广告影片奖银奖，“珍珠爷爷”自媒体账号获平台认可推荐。

三、只有积极承担社会责任，坚持长期主义，才能推动企业和产业可持续发展

欧诗漫作为德清本土珍珠深加工企业，身上肩负着挖掘、保护、传承和利用珍珠农业文化遗产的历史使命和社会责任。公司自上而下秉持浓厚的珍珠情怀与匠心精神，始终将履行社会责任作为回馈社会的一种责任和担当。“浙江德清淡水珍珠传统养殖与利用系统”2017年成功申请成为中国重要农业文化遗产，2019年入选中国全球重要农业文化遗产预备名单。欧诗漫正全力帮助“德清珍珠”冲刺全球申遗，推动中国珍珠文化走向国际，闪耀世界舞台。

（执笔人：章昕彦　周　兰）

案例

19

五芳斋
WU FANG ZHAI
热爱中国味

百年五芳斋，守住中国味

○ 浙江五芳斋实业股份有限公司

○ 浙江五芳斋实业股份有限公司大楼

背景介绍

浙江五芳斋实业股份有限公司（以下简称：五芳斋）主要从事糯米食品的食品研发、生产和销售。公司在传承民族饮食文化的基础上不断创新，对明清时期极具盛名的“嘉湖细点”的制作工艺进行现代化改造，目前已形成以粽子为主导，集月饼、汤圆、糕点、蛋制品及其他米制品等食品为一体的产品群，拥有黑龙江优质稻米基地和江西高山箬叶基地，在嘉兴、成都建立了两大食品生产配送基地，并搭建起覆盖全国的大型商超、连锁门店、电商的全渠道营销网络。五芳斋致力于传统食品的科技创新，设有研发中心和浙江省博士后工作站，参与过粽子生产行业标准制定。

五芳斋的粽子制作方法源于百年传承的传统工艺，其制作技艺于2011年入选第三批国家级非物质文化遗产名录。五芳斋是全国首批“中华老字号”企业。具有百年历史的五芳斋，在保留传统粽子系列

○ “新征程：贯彻二十大、开启新百年征程”暨五芳斋第七届艺术节

产品“糯而不烂、肥而不腻、肉嫩味香、咸甜适中”特点的同时，注重粽子传统制作工艺的传承和生产技术的现代化升级，既保证了产品品质和食品安全，又满足了生产效率和规模化、标准化的要求。公司荣获农业产业化国家重点龙头企业、全国文明单位、中国餐饮百强企业、餐饮业质量安全提升工程示范单位、全国主食加工业示范企业、浙江省绿色企业、浙江省十大特色农产品品牌等国家级、省级荣誉称号。

主要做法

一、百年传承，热爱和守护中国味

五谷芳馨，成就“粽子大王”。中国人吃粽子的饮食习惯，最早可以追溯到两千多年前，百姓对屈原家国情怀的纪念行为演绎成端午食粽习俗流传后世。后来在江南一带，“嘉湖细点”开创江南点心流派，以粽子为代表的茶食盛行于嘉兴民间。沿着时间的脉络回望，1921年浙江兰溪商人张锦泉在嘉兴文人墨客聚集的张家弄开始叫卖粽子，取名“五芳斋”，寓意“五谷芳馨”，这是五芳斋品牌文化落笔书写的起点。粽子虽小，却承载着悠长的中国历史文化。20世纪40年代，五芳斋粽子以“糯而不糊、肥而不腻、香糯可口、咸甜适中”的特色被誉为“粽子大王”。过去百年间，五芳斋在这一细分品类精耕细作，积累了深厚的品牌沉淀。

中华食尚，寻回传统“中国味”。食物，对中国人来说，不仅传达了顺应自然、应时而食的饮食理念，也是联结人与人关系的纽带。百年历程，五芳斋在“守”与“变”之间，善领风气之先，融合节令场景，通过产品与技术创新，将食材之美、技艺之美、味道之美合成为产品之大美。同时，通过“寻味”传统，让节令文化走进大众，重塑节日魅力。

“老字号”传承，闯入新时代。作为“中华老字号”品牌，五芳斋在尊重历史传承的基础上，融入时代精神，完成了从百年老店到上市企业的转身。新的机遇伴随着新的挑战，五芳斋顺应市场格局的变化，转变经营理念，从用户需求出发，接通传统文化与现代需求的两级，努力向中华节令美食的领军企业目标靠近。

二、变革创新，让“粽子”拥有更多可能

拥抱数字时代，实现向“新”出发。在粽圈闯荡百年，五芳斋开始谋划更长远的未来，主动拥抱数字技术，在数字化转型中不断进化生产力。五芳斋在嘉兴、成都等地建立了现代化食品制造和配送基地，同时着力建设“从田间到餐桌”的食品产业链；五芳斋中央厨房投产，配方、工艺、流程的标准化保障了连锁餐饮产品的品质升级；借助数字产业智慧园，五芳斋迎来了传统食品仓储物流一体化高效运营的全新变革。

瞄准年轻人，做“年轻粽子”。新的环境催生新的消费者，年轻一代的影响力度正持续加大，成为不可忽视的“新势力”。近年来，五芳斋持续实施“糯＋”产品战略，并具象化“糯源、糯艺、糯心”的产品创意标签，打造文化浓、质量优、竞争力强的全新产品线。通过各种年轻化探索和尝试，五芳斋频频刷屏，“粽子”这一文化符号在日常的曝光度显著提升。结合“搞笑、魔性、大片、宠粉、直播、尝新、国货、匠心、中国味道”等多个关键词，锚定品牌定位、产品开发、营销创意等方面深度开发，五芳斋正走进年轻人的流量阵地，一步步实现品牌焕新。

以粽闻名，开启第二增长曲线。顺应时代发展，五芳斋从客户需求出发，调整产品线布局，目前已形成“粽类＋非粽类”产品一体化

布局。五芳斋以传世臻粽、日销鲜粽、爆料粽及高性价比节令粽等创新产品，精准打造“粽＋”产品矩阵。为抢抓新发展机遇，除了在粽子行业发力，五芳斋还积极拓展业务边界，在月饼、蛋制品等产品线上打造“第二增长曲线”。目前，公司在月饼、汤圆、蛋制品以及其他米制品等产品线上的销售已具备一定规模，并保持良好的增长态势。

三、品牌战略，芳心践“诚诺”

以人为本，创建匠心队伍。心有所信，方能行远。五芳斋尊重中华优秀传统文化，相信文化的传承与创新来自内心真正的热爱。2022年5月，五芳斋与嘉兴市文化馆协作共建的文化馆企业分馆揭牌。占地面积1200平方米的馆内设置了健身中心、阅览室、乒乓球室等8个场馆，同步开设瑜伽、舞蹈、古筝等课程，这一创新之举意味着五芳斋真正将精神家园建在了“家里头”。五芳斋通过健全组织建设、设施建设来打造企业文化阵地，让企业文化这杯“茶”色更美，味更正，香更远。

流芳益善，用责任践行“诚诺”。五芳斋倾力打造“流芳益善”公益品牌，秉承“用责任践行‘诚诺’”的传播理念，积极承担社会责任。20年间，五芳斋累计捐款捐物共计2049万元，用于开展“助学、助困、助医、助老、助残、助孤”等重点慈善项目救助。同时，成立“流芳益善”五芳斋关爱基金，用于扶贫济困、公益援助、省内外对口支援等慈善公益活动，用实际行动支持社会公益事业。

芳心赤诚，绽放巾帼韶华。五芳斋巾帼文明团队以“芳心赤诚，不负韶华”为品牌理念，贯彻“铿锵玫瑰、巾帼不让须眉”的信念，创新文明岗工作方法，不断探索新机制、新平台、新载体。找准切入点，丰富活动内容、拓展活动载体，开展青年志愿者服务、党员示范岗、责任区、承诺践诺等特色主题活动；探索“走进社区、走进工厂、走进广场、走进学校、走进消费者”的“五走进”贴近服务，深化巾帼文明创建的内涵，以服务发展、服务社会、服务群众为落脚点，以点带面推动巾帼文明岗创建工作整体水平的提升。

成效和启示

一、只有始终不忘初心、坚持和谐共赢，企业才能积淀发展力量、增强文化软实力

百年老字号正青春，五芳斋以党建品牌带动团建、企业工会、巾帼文明岗、志愿者服务队等整合，形成以党建品牌核心理念为统领，企业文化、经营理念为抓手的“党建带群建”格局，打造企业红色软实力。在文化自信和国潮兴起的大环境下，只有不断挖掘产品的潜在价值和文化基因，坚持将产品、传播、渠道与中华传统节令文化紧密相连，使“热爱中国味”深入人心，才能在文化交融中促成企业文化的优化升华，提升企业高质量发展软实力。

二、只有坚持以人为本、提升素养，企业文化才能更有活力、体现时代精神

五芳斋营造“学习先进、崇尚先进、争当先进”的企业氛围，每年举行推优评优活动，对优秀党员、优秀党务工作者、五芳斋“五十杰”、五芳斋模范员工、五芳斋董事长奖励基金获得者给予隆重的奖励和表彰，使崇尚先进、争做先进成为五芳斋员工的工作目标。同时，建设“五力三项”培训体系，鼓励员工提升技能和学历水平，畅通晋升通道。完善学习与发展体系，五芳斋形成结构化、系统化的课程体系、讲师体系学习与评估体系，以此打通专业技术人员的向上发展通道，帮助员工不断提高职业素质。由内向外求探索、求突破，五

芳斋始终致力于提高企业运营效率和团队作战能力，让企业文化更有力量、企业精神更加闪光。

三、只有充分挖掘老字号的文化基因、做好创新性转化，才能积淀发展力量、可持续进步

粽子作为中国历史文化积淀最深厚的传统食品之一，千百年来端午食粽的习俗盛行不衰，甚至流传到东亚诸国。深厚的传统食粽文化构成了五芳斋优秀企业文化的源泉。在“糯＋”的多品类战略下，五芳斋注重多种产品的研发，以“糯米食品专业品牌”开辟了月饼、汤圆等糯米糕点细分品类，通过新品开发和创新，不断拓宽消费场景和覆盖人群。只有让传统老字号拥抱数字新时代，才能在文化交融中促成企业文化转型升级，提升企业高质量发展软实力。

（执笔人：赵　炜　王　伟）

案例

20

超威集团 CHILWEE

打造“和合文化”超威样本

○ 超威电源集团有限公司

○ 超威电源集团有限公司总部

背景介绍

超威电源集团有限公司（以下简称：超威集团）创立于1998年，在全球拥有108家分（子）公司和2万多名员工，综合实力位居2023中国企业500强第198位、中国制造业500强第96位、中国民营企业500强第64位、中国轻工200强第8位，连续多年领跑我国电池行业，是全球领先的新能源制造商、运营商、服务商。

○ 2023年，超威集团举行第14届“光彩助学”捐赠仪式

“和合文化”是中华优秀传统文化的重要组成部分。“和合文化”倡导的“贵和尚中、善解能容，厚德载物、和而不同”的宽容品格，精准阐述了中华民族所追求的可贵品质。超威集团在实践探索中汲取了“和合文化”的精髓，通过企业发展拓展理念内涵，形成具有超威集团特色的“和合文化”实践样本。超威集团以“资源共享、互惠互利、共同发展、长期共存”为价值取向，积极履行“让全球都用上超威绿色能源”的企业使命，积极践行“和合文化”，努力实现与客户

合作共赢，与员工和衷共济，与行业和谐发展，与政府合力共进，与社会和合共生，使企业在健康快速的道路上不断前进，最终实现企业与相关利益方的共同的长远发展。

主要做法

一、组建联合体，实现与客户合作共赢

本着资源共享、互惠互利、合作共赢的精神，超威集团与各分（子）公司建立了“风险共担、利益共享”合作机制，创造性地运用“有限的风险共担、无限的利益共享”方式组建了联合体，带动全集团在技术标准、生产工艺与人力资源管理上按照统一标准进行合作。超威集团坚持兼容并蓄的“和合文化”，在全球建立了19个研发机构，并相继与美国通用电气公司、德国MOLL公司、美国斯坦福大学等知名企业、院校建立合作关系。在新能源发展方面，先后与电咖汽车、奇瑞汽车、江铃汽车、上燃动力、金彭集团等签署战略协议，在新能源汽车全产业链、全生命周期管理等方面协同发展。

二、真情关心关爱，实现与员工和衷共济

超威集团注重维护员工权益，建立了一套符合发展实际的超威薪资福利管理体系。员工实现了“五险”、劳动合同、集体合同、带薪年休假和年度体检“满意率100%”。超威集团尊重员工意愿，落实员工在企业生产、经营、管理工作中的知情权、参与权、建议权，让员工感受到强烈的尊重感、幸福感、使命感。比如，在车间设置“心声园”，搭建公司与员工互动联系的平台，及时解决一线员工提出的问题，采纳他们的合理化建议。集团年均开展50余场（次）丰富多彩

的党群文化活动，以此凝聚人心、激发活力。

三、开放资源共享，实现与行业和谐发展

一个企业的发展与行业的前景及发展趋势息息相关。在与业内企业的合作与竞争中，超威集团率先提出并积极实践大区管理营销模式、4S服务专卖店模式、终端服务店模式、代理商公司化运营模式等品牌文化管理理念，推动整个行业产能的提升。集团将投入近亿元、潜心研究6年发明的、达到行业领先水平的无镉内化成工艺“源代码”向全行业无偿开放，为行业健康发展做出了贡献。同时，集团充分发挥“先发优势”，强化标准引领，积极参与行业国际标准的起草工作，加快推动锌镍电池、钠盐电池等新型电池产品的标准化工作，不断强化集团在全球行业发展过程中的影响力，助力我国电池产业走向国际，实现高质量发展。

四、履行社会责任，实现与社会和合共生

超威集团始终秉持“企业是社会的有机体”的创业初心，在坚持发展的同时不忘回报社会，积极承担社会责任。集团为社会创造了2万多人的就业岗位，建立了5000万元的冠名慈善基金，成立了行业首个电池污染防治和救助专项基金、首个联营商关爱基金。集团积极参与扶贫济困、光彩助学、志愿服务、慈善一日捐等公益慈善事业，累计向社会捐赠7000多万元，得到了社会各界的广泛赞誉。

成效和启示

一、传承“和合文化”，是助推企业发展的重要法宝

只有符合企业内在需要的文化，才能促进企业的持续健康发展。

文化具有内生性和独特性，企业文化建设必须从企业的实际情况出发，因为只有立足于企业发展实际和生产管理实际，才能真正实现文化引领企业发展的目的。“和合文化”是超威在实践过程中不断总结出来的、适合超威发展需要的企业文化。正是在“和合文化”的引领下，20多年间，超威集团从一个家庭作坊式企业成长为行业领先企业和中国500强企业，这些成就的取得，与“和合文化”的作用是分不开的。

二、集聚创新人才，是助推企业发展的重要引擎

鼓励员工勇于创新，才能为企业发展注入强劲动能。当前的企业竞争说到底就是人才竞争，拥有优秀专业的人才对于企业实现长期稳定发展至关重要。超威集团充分发挥文化促进创新的作用，坚持走科技创新、人才兴企之路，注重吸引行业高端人才和自主培养人才。目前超威集团在全球成立了19家科技研发机构，拥有国内外院士6名、国家级专家14名，教授、博士、硕士等专业技术人才1000余人。企业大力实施企业家培养工程，同时与党委实施的“双六优先”（把优秀员工培养成党员、把优秀党员培养成骨干）机制紧密结合，极大地激发了员工的创新创业热情，助力企业高质量发展。

三、激发员工热情，是助推企业发展的重要动能

在企业发展过程中，员工对企业的认同感、荣誉感和自豪感至关重要，企业要让员工看到方向、看到未来，愿意为企业的发展去努力。在“和合文化”的熏陶下，超威集团“忠诚、责任、结果、奉献”的企业核心价值观已经在全体员工心中深深扎根，引导员工们自觉、积极地把主要精力放到本职工作中去。“人人思发展、个个谋创新”，已成为超威集团员工的一种时尚。员工们充满了工作激情，积极参加劳动竞赛、慈善公益、党建文体、业务进修等各种活动，体现了“和合文化”凝心聚力的作用。

四、营造和谐环境，是助推企业发展的重要保障

企业文化建设离不开和谐的成长环境，需要企业对内增强凝聚力与认同感，对外塑造企业良好形象。在“和合文化”的指引下，超威集团营造了一个和谐安定的发展环境。在企业内部，全体员工实现了“五个100%”“四个零”：“五个100%”，即100%享受“五险”、100%签订劳动合同、100%签订集体合同、100%享受带薪年休假，100%享受年度体检；“四个零”，即零上访、零事故、零投诉、零纠纷。在企业外部，“和谐合作，共享共赢”精神引导超威集团妥善处理好各方的利益关系。在消费者群体中建立了良好的信誉形象，与工厂周边村民建立了良好的信任互惠基础，与政府建立了良好的共建共赢关系，在社会中构建了共存发展的行业生态。

（执笔人：周建民　王美琴）

案 例

21

"老师文化"打造人才高地

○ 浙江新和成股份有限公司

○ 浙江新和成股份有限公司总部大楼

背景介绍

浙江新和成股份有限公司（以下简称：新和成）是一家专注于营养品、香精香料、高分子新材料和原料药等功能性化学品研发和生产的企业，立足创新驱动，相继攻克了维生素E、维生素A、蛋氨酸、聚苯硫醚等多个产品的“卡脖子”关键技术，荣获2项国家技术发明奖二等奖，2项中国专利金奖，主持、参与制定国家标准30项，跻身中国精细化工百强、中国上市公司百强、中国企业跨国经营50强。

新和成的发展得益于持续不断的科技创新。创新的核心是人才，人才是第一资源，拥有一支志同道合的高素质人才队伍对企业发展至关重要。新和成倡导“贤者为师、能者为师、谦虚做人、精心育人”的“老师文化”，在企业奋斗过程中形成“传道、授业、解惑”氛围，通过给平台、给机会、给赛道赋能员工成长，实现员工与企业思想同心、目标同向、工作同力，促进企业健康持续发展。

○ 新和成举行导师培养协议签订及赠书仪式

主要做法

一、聚焦思想铸魂，“老师文化”让员工有舞台

政治引领举旗定向。公司每年定期开展专题会、读书会、企业文化大讲堂等学习分享会，学思践悟中央经济工作会议精神和省市县（区）地方文件要求，察大势、把方向，把企业发展融入国家发展大局。在坚守“化工＋”的同时，贯彻落实新发展理念，前瞻性布局生物发酵领域，形成“化工＋”“生物＋”双轮战略驱动，并投入巨资推进数智化转型，提升竞争新优势，深化ESG实践，构建可持续发展格局。同时，公司立足原有技术优势，进入高分子新材料领域，为新能源、5G、绿色交通、人工智能等行业提供材料解决方案，以新质生产力助力高质量发展。

开放学习促进提升。“三人行，必有我师。”新和成“老师文化”倡导开放合作，坚持向优秀学习、与优秀为伍。公司在自主研发战略性产品聚苯硫醚、蛋氨酸的同时吸收了别人的宝贵经验教训，在点点滴滴的学习中提高了研发速度。公司把与浙江大学、北京化工大学、中国科学院等高校和科研院所的项目合作机会当作人才培养路径，以交流指导、专题讲座等方式吸收前沿知识和技术。在产业链上，与帝斯曼、东洋纺、中石化等优秀企业合作，互相学习，优势互补，通过创新协同解决行业发展难题，不断优化价值链。开放学习和合作发展的模式使新和成的产品技术实现了质的飞跃。

文化宣贯释疑解惑。通过战略宣讲、领导干部现身说法、座谈会、意见征集等形式倾听员工心声，全力破解员工对企业发展方向、发展思路、发展前景了解不够的问题。同时，制定干部企业文化测评方案，将文化宣贯落实情况作为干部考核和晋升依据，并组建企业文化内训师队伍，提高愿景目标的感召力、共同价值的凝聚力，保证

"老师文化"深入人心，使员工与企业同心同向。

二、聚焦人才培养，"老师文化"让人才有创新

全周期健全培养体系。创新是第一动力，人才是第一资源。公司坚持"德才兼备、人岗匹配"的用人理念和"赛马与相马相结合"的用人机制，建立完善教学体系、教师体系和教材体系三大人才培养体系，通过传帮带、压担子、挑担子等方式，鼓励大学生到基地和项目建设中去锻炼，在实践中推动员工快速成长。同时，开设后备班组长培训班、扬帆班、启程班、远航班等梯队培训，打造人才蓄水池，为企业发展培育领军型、管理型、技术型、技能型、国际化五类核心人才队伍。近两年，公司提拔了高层干部17人、中层干部90人、基层干部317人，为聚苯硫醚、生物发酵等战略项目的实施，东南亚、南美等地市场的开拓和国际化运营提供了充足的人力支撑。

全方位激励员工创新。"老师文化"倡导"以效益为导向、以业绩为导向""以贡献者为本"的付薪和分配理念，实施增量奖励、专项激励、特殊贡献奖励、股权激励等激励机制，把机会和平台给奋斗者，把荣誉和利益给贡献者，激发员工创造力，让员工拥有获得感、成就感，与企业形成利益共同体、事业共同体、命运共同体。近年来，公司突破了蛋氨酸等关键"卡脖子"技术，在全球首创D-泛酸钙生物发酵技术，引领了国内营养健康和高分子新材料行业创新。

三、聚焦关爱互助，"老师文化"让员工有幸福

帮扶关爱解难题。新和成把文化建设与为员工办实事、解难事结合起来，全面推行"五必访、五必谈"活动，为员工释疑解惑。健全劳动关系协调机制，不定期开展员工座谈会、博士座谈会，设立总经理信箱、互助互济会，建立员工情况反馈渠道，实施优秀员工疗休养、党员干部一日捐"和合基金"等，使员工切实感受到企业的温暖。

心理关爱暖人心。针对社会压力普遍加大现象和员工群体心理亚

健康问题，新和成倡导“快乐工作、幸福生活”理念，组建、培养一支心理健康联络员队伍，引进社会专业力量，为员工开展心理健康检查测评、心理健康辅导讲座，设立心理健康咨询热线，及时发现、准确识别员工心理问题，护航员工心理健康。

文体活动强体魄。“老师文化”在生活中主张“文明其精神，野蛮其体魄”。公司投入资金建立篮球馆、乒乓球室、羽毛球场、阅览室等文体活动场所；根据员工兴趣，成立义工协会、羽毛球协会、篮球协会等80多个协会；定期举办企业文化节、青年联谊活动、主题沙龙、星期六快乐大巴车等特色活动，做到月月有活动，让每个节假日都有充实的安排，从而强健员工体魄、丰盈员工精神空间。

成效和启示

文化是企业的灵魂，是推动企业发展的精神脊梁和动力源泉。能否助推企业高质量发展，是检验企业文化建设成效最重要的尺度。实践证明，新和成“老师文化”的践行达到了感召人、激励人、凝聚人、培养人、成就人的目的，培养了一支高度认同公司文化、忠诚企业、想干事、能干事、干成事的干部员工队伍。目前，新和成拥有国家级人才7人，培养了省市级人才69人、中高级职称人才169人，有力推动了新和成高质量发展。

一、坚持以人为核心，让企业愿景成为个人愿景

新和成在企业文化建设中坚持实事求是，建立健全成长通道，关注员工的切身利益，让员工得到物质和精神方面的双重肯定，切实发挥了企业文化的感召力，激发了员工的创造力和战斗力，将个人成长

与企业发展统一起来，让企业的愿景成为个人的愿景，实现双方共同发展。

二、坚持以企业发展为目标，让文化建设融入企业管理

“老师文化”的重要任务是服务企业改革发展，保证全体员工同心、同向、同行。只有牢牢把握企业发展脉搏，以问题为导向，注重将企业文化与企业的战略目标、业务特点相结合，将文化建设与企业管理、人才培养协同贯通，将企业文化嵌入管理链条，在实践中不断创新丰富，才能破解文化业务“两张皮”问题。

三、坚持以创新为动力，让创新文化引领企业发展

唯创新者进，唯创新者强，唯创新者胜。创新始终是引领企业发展的第一动力。建设卓越企业，就要把创新作为驱动发展的重要引擎，大力推行创新文化，不能只是简单的“理念入册、文化上墙、营造氛围”，而是要真正重塑创新文化，培育发展新质生产力的土壤，将创新切实落实到企业的生产经营管理各环节，以更加务实的工作举措和大量的工作实践，让创新文化在企业真正落地生根，结出硕果。

（执笔人：夏彩云）

数智创新篇

文化赋智，提升变革转型精神动力

○ 中国联合网络通信有限公司浙江省分公司

○ 中国联合网络通信有限公司浙江省分公司办公大楼

背景介绍

中国联合网络通信有限公司浙江省分公司（以下简称：浙江联通）是中国联通在浙江省的分支机构，下设11个地市、98个区县级分支机构，是覆盖完善、结构合理、技术先进、功能强大的现代网络通信国有企业。

为深入贯彻党中央关于文化建设和数字经济工作的要求，顺应全面数智化发展需求，浙江联通秉持“强基固本、守正创新、融合开放”的战略转型升级新要求，聚焦“网络强国、数字中国”两大主责和“联网通信、算网数智”两大主业，加快数智改革步伐，重构价值生态。通过文化赋能推动组织流程变革、业务协同创新，扛起主责主业担当，促进企业内外部数智化转型，加快全面数智化发展，发挥“大国顶梁柱”作用，努力建设具有全球竞争力的科技服务企业。为引领数智化转型主方向，浙江联通形成了具有数智内核的企业文化理念体系。以“数字信息运营服务国家队、数字技术融合创新排头兵”

○ 浙江联通开展企业文化宣贯会

的使命为指引，实现了文化理念与数智转型在战略性、一致性、参与性、适应性方面的均衡协调。

主要做法

一、文化推动组织流程变革，优化公司管理运营体系

浙江联通加强自我革命，秉持一体化管理理念，对内针对性优化组织结构与流程，筑牢数智转型基石。通过深入开展“县县有阵地、市市有窗口”工程，打造企业文化宣传阵地，建立“省—市—县”三级企业文化专业运营团队等，确保文化理念宣贯“层层有落实”。

形成扁平集约的组织结构。以“守土有责”的网格化精神、“为一线队伍赋魂”的大数据精神、“走遍千山万水”的铁脚板精神为主线，开展优化县域组织机构、加强人才队伍建设、强化基层数字化赋能、变革营销组织模式等工作，通过打造县域事务性中台，强化面向一线末梢的数字化服务和应用，实现县域内设机构数量精简50%、功能“应收尽收、应放尽放”，组织向“扁平化、集约化、中台化”转变，有效提升了一线末梢生产组织效能。

打造敏捷高效的组织流程。深入落实“一体化能力聚合，一体化运营服务”的文化经营理念，全面推进数智化“新运营”，以大数据支撑员工工作。打造“智慧大脑”智慧运营平台，并根据业务种类建设公众、政企、客服、网络、管理五大中台能力，通过大中小屏层层联动，实现多业务场景用户画像、端到端流程贯通和可视化展现，赋能生产经营。同时，分类分层开展全业务全场景流程优化、权力清单动态优化等工作，进一步简政放权，提升经营效率。

二、文化推动业务协同创新，打造数智化客户服务体系

为解决内部组织变革后跨部门岗位的工作协同、业务融合等问题，浙江联通进一步引导员工以客户为导向，聚焦数智转型重点难点，加强业务协同创新，从而为客户创造价值。

实施文化痛点调研。基于“互信、担当、创新、卓越”的企业精神，公司开展了8165人参与的企业文化痛点问题大调研，总结生产经营中文化践行的堵点难点，结合数智转型的重点工作和业务环节逐一制定提升改善方案。比如，开展“企业文化践行季”活动，实行同岗位工作效率大比拼，提倡立足本岗位争先创优，切实保障企业文化在公司各岗位、全流程、全方位贯彻落实践行，提升各岗位间的协同度、文化执行度和数智建设成效。

打造数智化客户服务。勇担“数字信息运营服务国家队、数字技术融合创新排头兵”使命，持续加快5G等新型数字信息基础设施建设，大力推动数字技术与实体经济深度融合，以5G、云计算、大数据、物联网、人工智能以及区块链赋能千行百业。为产业互联网客户提供个性化服务，陆续为吉利极氪汽车、雅戈尔、方太、双鹿电池等企业，打造了一批智能制造的“未来工厂”创新应用。同时，以雅戈尔“未来工厂”为基础，打造服装制造产业军团，运用5G、AI等新兴技术构建纺织服装全产业链数智化产品体系。

三、文化推动主责主业担当，提升数智化公共服务能力

公司进一步践行“网络强国、数字中国”两大主责，加快“联网通信、算网数智”两大主业在数字社会建设中的服务能力。

纵深服务数字政府。聚焦党政智治、数字政府、数字经济、数字社会、数字法治等五大领域，全面服务浙江数字化改革，助力民生服务。比如，面对化工、印染、造纸等行业带来的转型压力，公司强化生态环境数字化改革顶层设计，承建浙江省“生态环境大脑”项目，打造“美丽浙江”生态管理平台，并获评第六届数字中国建设峰会数

字生态文明优秀案例；联合浙江省农业农村厅打造的“浙渔安”系统，大幅提升了渔船的风险防控能力和应急救援保障水平，现已成为农业农村部智慧渔业全国唯一试点项目，并入选2022年浙江省数字化改革最佳应用名单。

数智助力乡村振兴。公司充分发挥自身数智技术，助力乡村生产方式升级、治理模式创新和生活方式改善。以900MHz频段为核心，加大乡村“精品网络”建设力度，建设“联接＋计算＋智能”安全可靠的数字乡村基础设施，实施联通数村“点亮”行动、数字应用“共享1000”行动，在远程医疗、智慧养老、数字治理、数字文旅等方面助力3000多个行政村开展数字乡村建设。同时，持续开展科技扶贫，以“扶真贫、真扶贫”为目标，把推进产业扶贫、增加群众收入作为脱贫攻坚核心任务，创新开展助农直播和客户日研学活动。

成效和启示

一、注重守正创新，当好数智化运营的管理者

数智化转型的核心在于将传统业务和运营模式通过数智技术进行全面升级，以实现业务流程的自动化、信息的数字化和决策的智能化。浙江联通聚焦“一个联通，一体化能力聚合，一体化运营服务”的经营理念，结合自身数智业务技术，打造一体化运营新高地，形成了业务数据汇聚共享、支撑业务决策分析的“联通智慧大脑”，有力助推了企业内部的数智化赋能。同时，在此基础上创新打造的“浙江联通沃之家”平台在2023年“网聚职工正能量　争做中国好网民”主题活动“互联网＋”工会普惠平台征集中获评“创新型平台”，并入

选中国通信企业协会《2022数字化转型推动高质量发展案例集》。

二、强化数智创新，做好数智化转型的赋能者

运营商作为数字经济发展的核心引擎，需要为社会经济提供基础信息通路，必须着眼经济发展大局，坚持自我革命，持续强化数智赋能，助力行业企业转型升级。浙江联通聚焦“联网通信、算网数智”两大主业，全力助力浙江三个“一号工程”提质增效。依托主业网络核心优势，深度挖掘专精特新能力，顺应全省“未来工厂”建设要求，锻造“5G＋工业互联网”新发展的最优能力，打造“产业大脑＋未来工厂”的成功模式，如公司助力雅戈尔集团打造的“雅戈尔5G＋数字孪生未来工厂”项目获第五届“绽放杯”5G应用征集大赛全国赛二等奖，助力双鹿电池打造的“小电池大未来——5G创新双鹿电池生产方式”项目荣获第六届“绽放杯”5G应用征集大赛全国赛一等奖，成为5G赋能新型工业的案例标杆。

三、履行社会责任，做好公共数智服务的保障者

抓住建设数字社会发展机遇，开创数字政府新局面，奋力走好乡村振兴新征程，既是时代发展的要求，也是人民群众的热切期盼。浙江联通深入践行浙江省“千万工程”，深耕5G技术和科技创新融合发展，扎实推进数字政府和数字乡村建设，积极贡献“联通智慧”与“联通方案”，打造出一条“共同治理、智慧治理”的新路径。公司打造的宁波金峨村“数字乡村”入围农业农村部举办的2023中国美丽乡村休闲旅游行（春季）推介活动；携手浙江大学医学院附属邵逸夫医院，在杭州市淳安县下姜村设立的浙江省首个“5G＋AR云诊室”，有效解决了乡村留守老人多、医疗资源不平衡、急救医疗条件不足等诸多问题。

（执笔人：李彦超　陈佳倩）

案例

23

“1024程序员节”展奋斗之姿

○ 浙江大华技术股份有限公司

○ 浙江大华技术股份有限公司研发园区

背景介绍

浙江大华技术股份有限公司（以下简称：大华股份）是全球领先的以视频为核心的智慧物联解决方案提供商和运营服务商。公司现拥有23000多名员工，其中研发技术人员占比超50%，营销和服务网络覆盖全球，在亚洲、北美洲、南美洲、欧洲、非洲、大洋洲建立了69个海外分（子）公司，在国内设立了200多个办事处，产品和解决方案覆盖全球180多个国家和地区，致力于把卓越的技术和服务带到全球的每个角落，为员工提供广阔的成长与发展空间，为社会可持续发展发挥更大的作用。

创业30年来，大华股份在紧贴业务需求、加快技术转化的同时，也时刻关注着内部人文氛围的营造与沉淀。通过具有仪式感的周年庆典、覆盖全球的主题文化活动、全面丰富的福利关怀体系、细致入微

○ 第二届“程序员节”闭幕式暨优秀颁奖典礼

的员工家属服务等企业文化建设工作，为吸引人才、留住人才付出切实努力。2018年10月24日，大华股份研发中心首届“程序员节”启动，“1024程序员节”正式成为大华股份全体成员共同的主题文化节。“1024”的主题源于程序员的常用数字，1024是2的十次方，二进制计数的基本计量单位之一；1G等于1024MB，1G也有“一级棒”的意思。因此，大华股份在每年以10月24日为起点的活动周期内，不间断开展各类文化互动活动，让“程序员节”承载“愿你写的每一行代码都值金值玉、做的每一款产品都为国为民”的美好期许，成为延续至今的企业文化符号。

主要做法

一、打造系列活动，用文化软实力话科技硬实力

在每年以10月24日为起点的活动周期中，大华股份根据年度文化主题，开展代码课堂、咖啡教室、赛事竞技、技术创评、公益行动、周年庆典、文艺汇演、歌手大赛、专题分享、研学之旅、音乐节、云打卡等文化活动。每种对“1024”的解读，都可以在这里被多彩记录。公司通过具有研发特质的设计策划，结合产业需求及学科发展，有效聚合各方力量，保持吸引人才的势能和培育人才的活力。

用创意场域、用渠道设计，持续呈现中国科技硬实力。采用创意性的场景设置展现年度科创硕果，如借由公司创立30周年的契机，通过“1024@30”原创策展，将年度标杆单元的业绩经验、奋斗故事、历史人文等模块设计成三大展区，在总部双园区开放展出各个场域的形态寓意、文创形式；铺陈代表“大华红”的30年时光通道区，

鼓励跨部门跨团队交流，关注业务间的横向交互。搭建多元化的沟通渠道、加强技术融合，如特邀数位外部知名行业大咖、高校名师名家于展区论坛内共话发展，以开放式分享的形式，实现科研技术的交流碰撞，持续打造学习型组织氛围；邀请公司内部获优讲师开设技术公开课，并面向莘莘学子开辟以工程实验中心为主平台的研学通道，加速产教融合。通过对每届“1024程序员节”的场域及渠道设计，大华股份创设了开放性的创新氛围，支撑产品领先与行业发展。

用音乐为载体、用文化作底蕴，不断保持组织活力。譬如在2022年“程序员节”中，公司首次倾心打造主题音乐节，旨在增加“1024程序员节”的辐射人群、增强组织黏性，为各年龄段的大华人、大华家属们提供亲友互动的不同体验，实现员工工作与生活的温暖过渡。主舞台由公司历届歌赛前三甲代表与乐队现场联袂演出，分会场则根据不同的古今文化意象开设五大特色片区，分别为——向全员提供免费便民服务的学习打卡、码上借阅的“万卷书”；习茶之技、品茶之味的点茶DIY“半遮面”；体验汉服魅力、记录国潮瞬间的亲子汉服影音区“花想容”；提笔落诗书、泼墨绘华章的书法体验区“写春秋”；1024特刊、INS互动文创区的“随手拍”。丰富的活动形式用更强的学习力、更高的聚合度、更柔软的渗透性，激发企业高质量发展的新动能。

二、沉淀荣誉庆典，以初心致匠心，以匠心守初心

在“1024程序员节”期间，公司采用更具仪式感的周年庆典，向不同场域的优秀群体礼赞致敬，注重强化荣誉价值与影响力，进一步完善人才评定体系与职业发展周期，持续提升员工峰值体验、强化团队拼搏信心、凝聚奋斗动力。

聚焦技术牵引，以初心致匠心。在近年的“程序员节”中，大华股份逐步面向劳模工匠、奋斗之星、代码女神、优秀导师等群体，开展创先推优活动，提供职业发展通道。其中多人获评全国技术能手、

新时代浙江工匠、杭州工匠、数字工匠、滨江工匠、劳动模范等称号，先后创建区级技能大师工作室，在全国行业职业技能竞赛中屡获殊荣。公司每年将10%左右的销售收入投入研发，以工匠精神向着创新与极致迈进。

关注文化传承，以匠心守初心。在每届“1024程序员节”中，沉淀周年系列文化，旨在感谢入职10年、15年、20年，长期奋斗的伙伴们。该模块中的感恩庆典，被命名为S.T.A.R.T，不仅寓意全新开始，也是Star、Time、Academic、Resource和Team的首字母缩写，意味着所有获得周年礼的员工以青春相伴，携手并肩走过了共同奋斗的时光旅途，他们书写着属于自己的学术成绩，成长为独当一面的技术专家，带领团队赢下一场又一场战役。

三、诠释科技向善路，勇担社会责任，打造共赢平台

公司始终致力于提升社会责任感和企业使命感，每年都积极投身于公益事业。历届“程序员节”中，大华股份不仅常态化践行传统的公益行动，还以“0→1”的全新模式诠释科技向善，注重用科技的力量回馈社会，并着力拓展各类外宣路径，彰显民族品牌价值。

创新公益，数字赋能启新章。公司在保持企业稳健经营、可持续发展的同时，将科技创新注入自然生态、文物古迹、乡村振兴、共同富裕等社会工作的建设中，并常年组织爱心献血、捐衣捐物活动。其中，“研发中心红巷公益”项目被杭州市残联作为标杆样板，为全市有需要的弱势群体组织提供服务。切实用数智化成果为社会弱势群体打造社区网络全链路互联，实现安全监护“零死角”，为他们开设网络安全科普课程，提供辅助性就业的机会。公司因此获评杭州市“年度爱心单位”。

创新话语，研途走“新”更入心。近年，公司内的文化代表们多次参与区级宣讲活动，为青年科技工作者发声，以全域开放式的思想理论宣讲教育模式为总框架，聚焦创新彰显发展底色。“1024”的青

春故事、有声讲演、主题视频日志等优秀作品，陆续被省市级平台收录转发，让大华人以及关心大华的各界伙伴，都能更加深入地了解公司文化建设，感受科技改变生活的力量。

成效和启示

大华股份从主题文创到情感联结、从雇主品牌到社会责任，通过打造以“1024程序员节”为代表的文化项目，不断加强组织氛围建设，鼓励价值转化落地，真正实现以技术为心、以努力为骨、以文化铸魂，展现高新企业数智化建设的强劲之姿。

一、应构建文化落地模型，迎战新程

凭借一如既往的极致追求、从零到一的创新精神、双向互锁的诚信与高效准则、四时充美的多元共赢平台，大华股份逐步构建起“1024文化落地模型”。公司在践行过程中，要聚焦业务，善于运用场景与时机；要聚焦群体，关注提升体验与价值，形成适用于企业不同发展阶段的落地模型。公司的数次变迁，其间都伴随着文化的更迭，而每一次的落地变化，都能迈上新的台阶。“三十而立”的大华人，以业务目标为牵引、以企业文化为基石，夯实组织活力建设，助力打造更多对社会有价值、有温度的产品和解决方案。以“1024程序员节”为代表，公司用“中国文化+中国科技+中国创意”为科技强国添砖助力。

二、应积极发挥榜样作用，创新争先

要顺应时代趋势与行业发展，持续激发科研能力和工程能力，加强对价值贡献显著、关键领域技术领先、影响力突出的科技成果的呈

现，着力打造智慧物联首选品牌。要关注转变时刻、里程碑时刻等仪式感的营造，譬如“迭代升级代码女神”系列选拔，充分展示了研发领域的女性力量，发挥了巾帼榜样作用，勾勒出奋斗女性的最美剪影。在落地过程中，公司还应始终保持系统性思维及过程纠偏的行动力，让每一次创新都有价值、每一份作品都有力量，助推高质量发展建设。

三、应共筑内外传播价值，接续奋斗

要具有推动行业发展、承担社会责任的使命感，要以主人翁的精神总结沉淀过去的成绩经验并作用于未来发展，要运用以“1024程序员节”为代表的文化载体打造共融共赢的成长平台，内聚人心、外塑形象。通过多元化的渠道，发挥企业文化的艺术性和表达力，持续弘扬言出必行的气魄，传承敢战敢当的精神，秉持永不放弃的信念，让文化传播真正做到引发共情、产生共鸣、达成共识，从而不断增强组织凝聚力与战斗力，掐准时代脉搏、打有准备的仗。

（执笔人：郑路村）

案例

24

从“炼铁成钢”到“炼数成金”

○ 杭州钢铁集团有限公司

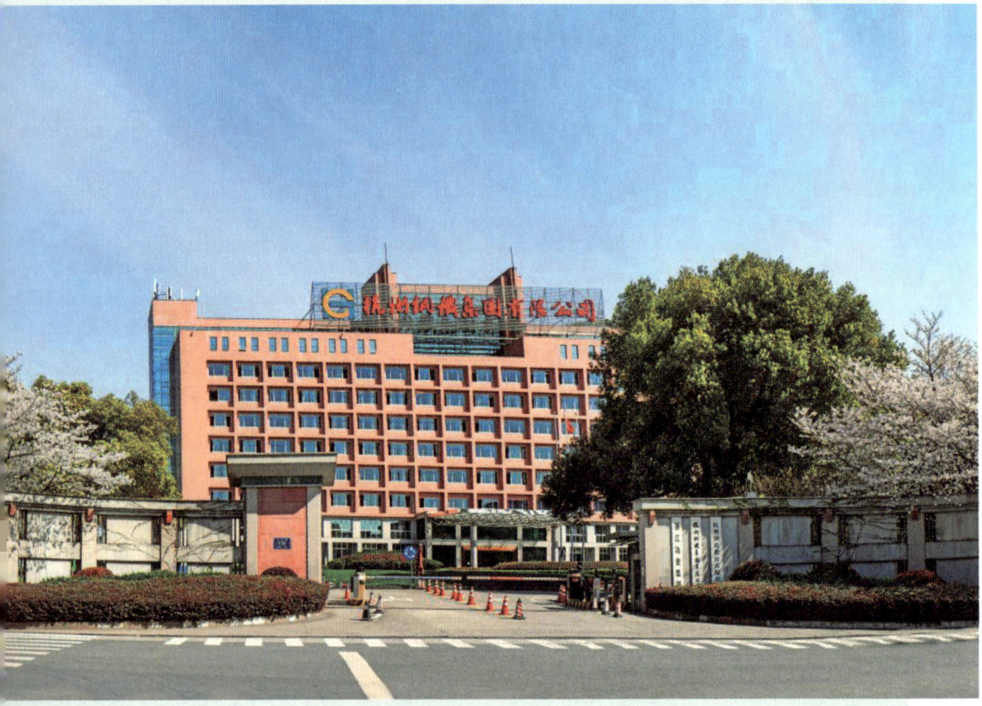

○ 杭州钢铁集团有限公司总部大楼

背景介绍

杭州钢铁集团有限公司（以下简称：杭钢）创建于1957年，是浙江历史上第一个现代化钢铁企业，经历三次创业，现已发展成为以钢铁智造、现代流通为战略传统优势产业，以节能环保、数字科技为战略性新兴产业的“2+2”产业格局的大型企业集团，共有一级全资控股企业36家，其中杭钢股份、菲达环保2家为上市公司。2022至2023年，杭钢连续两年入围世界500强。

杭钢历来重视企业文化建设，从填补浙江冶金空白，到书写浙江半部工业制造史；从中国钢铁工业曾经的“十八小”企业，到跨入世界500强行列；从“炼铁成钢”到“炼数成金”，杭钢把钢铁产品实物要素升华为“以钢铁意志做人建业报国”精神追求。近年来，杭钢把握数字时代脉搏，用好数字技术成果，在数字化浪潮中守正创新，推进企业文化创造性转化、创新性发展，在传承弘扬杭

○ 首届杭钢文化节启动仪式现场

钢优秀传统文化的同时，不断挖掘丰富企业文化体系新的内涵，形成了包含艰苦创业、自强不息的拼搏精神，敢闯敢干、敢为人先的创新精神，顾全大局、甘于奉献的担当精神，励精图治、百折不挠的奋斗精神的杭钢精神谱系，激励着一代代杭钢人不断超越自我、踔厉奋发。

主要做法

杭钢紧紧抓住数字化、信息化迅速发展的历史机遇，在企业数字化转型过程中，主动将数字化思维和数字技术融入党建和经营发展全过程，充分发挥数字技术优势，提高企业文化建设的时效性、针对性、主动性，为企业高质量发展提供了坚强思想保证、不竭精神动力和有利文化条件，实现从“炼铁成钢”到“炼数成金”的转变。

一、建立数字化价值观，让传统文化焕发新活力

深入贯彻新发展理念，着力打好转型升级“加减乘除”组合拳，将集团内各板块传统工艺与云计算、大数据、人工智能等数字科技相结合，赋能传统工业文化。钢铁智造板块的宁波钢铁推动传统制造业设备智能化、生产自动化、管理信息化、车间无人化，成为浙江产业数字化的标杆，“人机协同制造”等3项场景获评国家智能智造优秀场景案例，“INS智慧大脑”应用案例获评钢铁行业“2023年钢铁行业数字化转型典型场景”；节能环保板块的紫光环保智慧水务平台服务37座污水处理厂，推动提升水务业务的高效运营和科学管理能力；现代流通板块的冶金物资设立的“星猫易采”数字贸易平台服务近300家中小微企业客户，使客户资金周转速度较传统业务提升达4倍。

二、培养数字化思维，营造数字文化氛围

加快数字基础设施建设，切入数字经济新赛道，夯实培育新产业新业态新模式的基础。以“1＋2＋4＋N”发展体系为核心，打造半山基地数字科技核心区，做强“杭钢云”“浙江云”2个数字底座。投资25亿元建成杭钢云计算数据中心，获“金融业信息系统机房动力系统A级”认证等资质认证，落户浙江省农村商业银行、浙江泰隆商业银行、浙江吉利控股集团、大华技术股份有限公司等优质客户；投资158亿元与阿里巴巴联合建设浙江云计算数据中心，提供绿色、高效、节能的算力服务。牵头承办中国信息化百人会2022年峰会，举行2021年世界互联网大会乌镇峰会“碳达峰　碳中和”行动启动仪式，连续参展世界互联网大会“互联网之光”博览会和全球数字贸易博览会，参与组建“数字长三角共建联盟”，全面、立体呈现杭钢数字化改革成果。

三、加强品牌化建设，推动企业文化影响力

大力倡导树立新理念、激发新活力、塑造新形象，主动将数字化思维和数字技术融入企业文化建设全过程。运用新媒体、互联网等载体和技术丰富传播渠道，积极开展线上微党课、线上红色展厅等活动，用心打造线上线下“杭钢大讲堂”，建强企业文化建设主阵地，为推动企业高质量发展贡献新动能。建成集智能化管控平台、产业智慧管理平台、“三重一大”决策和运行监督平台等多个信息管理系统于一体的“1＋4＋X”数字化动态监管体系，以新的企业数字文化理念和行为规范管理教育各类人员，推进运营管理向智能化、一体化转变，构建起权责清晰、管理科学、治理完善、运行高效、监督有力的治理体系。杭钢一体化智能化管控平台荣获“2023IDC中国未来企业大奖”优秀奖。

成效和启示

企业文化建设是一个不断积淀、不断传承、不断创新的过程，近年来杭钢集团在推动数字化的过程中，积极倡导以数字化赋能企业文化建设，探索企业文化建设的新领域、新途径和新方法，有力助推杭钢集团数字化转型。

一、党建引领，注入企业文化“新”动能

把社会主流思想、民族精神、核心价值观等融汇到企业文化体系中，为杭钢的企业文化注入了新动能。杭钢通过实践规范化、常态化、长效化的专项文化管理机制，以打造“感恩奋进、锻钢铸魂”党建品牌矩阵为抓手，奋力打造勤廉并重的新时代国企党建高地，以高质量党建助力集团高质量转型升级。深入开展支部工作提质提效百日攻坚行动，积极推进“红色根脉强基工程”“全企一体、双融共促”工程深化落地，推动制度重构、流程再造、系统重塑，夯实党务工作基础，实现智慧管理和数字化监管。2023年，在杭钢集团党委及下属二级单位党组织中，有1个下属单位党组织的送评案例被评为“全国企业党建创新优秀案例”，4个党建品牌被评为“全国企业党建优秀品牌”。

二、创新思维，拓展企业文化“新”赛道

坚持用习近平总书记关于网络强国、数字中国建设的重要论述指导企业文化建设，大力实施国企改革三年行动、基层党组织提质提效行动、杭钢工业文化溯源创新工程等，把企业文化建设与生产经营同部署、同落实、同考核落实到公司治理各环节，激发各单位抓好企业文化建设的内生动力。围绕产业核心，以企业数字化发展需求为根本，坚持创新在企业高质量发展中的核心地位，通过抢抓数字化发展机遇，夯实数字文化建设基础，探索数字文化建设模式，让数字与文

化深度融合，以数字经济引领现代化产业体系建设，加快新旧动能转换。

三、打通链条，发展企业文化“新”精神

坚持把企业文化工作融入发展大局，全面贯彻落实“一带一路”、长三角一体化、共同富裕示范区建设、三个“一号工程”、文化强省等重大战略要求，大力宣传践行社会主义核心价值观，将“浙”里国资国企新风尚与开展杭钢精神再教育紧密结合起来，营造“干部敢为、企业敢干、群众敢首创”的干事创业氛围，为推动企业高质量发展贡献新动能。杭钢连续两次入选世界500强企业，2024年完成杭钢集团节能环保产业板块整合，企业的品牌竞争力、社会影响力明显增强。

（执笔人：屠　江　应求上）

“智行致远”擦亮“攻城狮”文化名片

○ 浙江数智交院科技股份有限公司

○ 浙江数智交院科技股份有限公司数智交院总部园区西溪园

背景介绍

浙江数智交院科技股份有限公司（以下简称：数智交院）前身为浙江省交通规划设计研究院，创始于1951年，是一家致力于服务综合交通和城市发展的科技型公司，是首家获得工程勘察、工程设计“双综甲”资质的浙江省属企业，位列全国勘察设计单位50强。2017年，公司由省交通运输厅划转至省交通集团，仅用4年时间完成事转企、混改、股改“一揽子”改革，改制成果被省国资委评为“标杆级企业”。

公司企业文化从改革开放初期的“三热爱”精神，发展到如今以“智行·致远”为理念的企业文化2.0体系，以“路更畅、城更美”为企业使命，将“传统基建创新”“数智转型升级”不断融入文化建设，形成了数智特色文化体系，其中蕴含着工程师特质的“攻城狮”文化名片被广大员工认可，助力公司向具有国际影响力的科技型综合工程技术公司目标加快迈进。

主要做法

一、“智行致远”，培塑“攻城狮”文化基因

以创新促“智行”，以沉淀共“致远”，公司企业文化历经70余年的积累与迭代，“智行·致远”的母文化理念与“红色工程师”的精神底色逐渐孕育了“攻城狮”的特色文化基因。一是党建引领，凝聚共识。打造基层党建指导员、政治骨干通讯员、红色理论宣讲员、

企业文化讲解员“四队联心”平台，推进“人人讲党课、人人听党课”品牌活动，强化意识形态凝聚力与企业文化向心力。二是双融互促，担当克难。深入实施“党建强基 双融强企”工程，坚持把党的组织优势嵌入文化铸魂的全过程，依托“党建＋项目服务”机制开展基层攻坚克难行动，创建党员干部攻关项目、实事项目，营造解题破难、勇于担当的“攻城狮”文化氛围。三是体系提炼，文化传承。围绕企业使命、核心价值观、职业操守等文化维度，创建企业文化2.0体系，发布企业文化手册、70年院史册、西溪园文化雕塑等企业文化成果，并提炼了以“勇于担当、服务社会的奉献精神，逢山开路、遇水架桥的开拓精神，求真务实、精益求精的创新精神，不畏艰辛、追求卓越的奋斗精神”为主要内容的企业精神体系，为“攻城狮”特色文化的孵化与传承创造良好的文化生态。

二、脱虚入实，做实“攻城狮”文化载体

围绕“智行·致远”母文化理念，数智交院紧抓企业文化的虚实接口建设，紧贴以工程师气质塑造行业专家形象、奋斗文化形象、创新创造形象的文化阵地，积极打造承载“攻城狮”文化的物质环境与精神链接。

一是创新企业文化的形象载体，打造“‘攻城狮’形象大舞台”。工程师是公司最具代表性的职业群体，以“攻城狮”为形象基点创建职工文化品牌，体现着勇当交通建设主力军和国企改革发展排头兵的品牌形象。瞄准工程师的典型用户画像，创作“攻城狮”的拟人化形象，开发设计了志愿者“攻城狮”、勘察测量“攻城狮”、厨神“攻城狮”、侠客“攻城狮”等IP形象，并发布“西溪园‘攻城狮’小西”“小西带你过大年”“小西和他的朋友们”等主题微信表情包，强化职工对于企业形象的认同。

二是丰富企业文化的故事载体，打造“‘攻城狮’斗志加油站”。充分挖掘企业奋战70余年的文化故事，打造形式多样的活动平台。

围绕先进典型事迹举办院微型党课大赛、青年说微宣讲比赛、红色情景剧大赛、建院70年图片展、建院70周年纪念大会等文化活动，围绕员工人文诉求开展“我是领读人”读书会、“致童年”六一游园会、老同志访谈会等人文活动，讲好开拓奋斗、奉献担当、人文关爱的文化故事。

三是创造企业文化的产品载体，打造“‘攻城狮’产品梦工厂”。围绕时事热点、重大节日和工作场景，设计制作“攻城狮”周边文创产品，增强员工的获得感。定制日常工作的“消耗品库”，发布“攻城狮”主题卡套、鼠标垫、保温杯、雨伞等产品；创造重大纪念活动的“限定品库”，发布“新中国成立70周年”之江大桥马克杯、“建院70周年”限定公仔、高温慰问活动的主题手持电扇以及传统节日限定的“攻城狮”祈福香包等产品，形成了深受员工欢迎和认同的“攻城狮”产品家族。

三、全媒互联，拓宽“攻城狮”文化传播

以“智行”构建文化记忆体系，以“致远”开拓文化传播路径，打造“攻城狮”文化的融合传播格局。一是打造传播粉丝圈。利用社交媒体、小组活动等社群效应，以社区化的运营模式不断培育“攻城狮”粉丝圈，将“攻城狮”的各类形象元素融入文体兴趣小组活动的纳新、比赛及知识分享等社群性活动中，并利用员工朋友圈等开放式媒介强化“攻城狮”文化的潜意识导入，实现企业文化认识向日常工作行为的延伸。二是拓展媒体传播渠道。围绕创新创业成果及先进典型事迹的传播，紧跟融媒体发展趋势，积极对接《浙江日报》《中国交通报》《交通旅游导报》及浙江日报集团下属潮新闻App等宣传平台，打造社会主流报纸、杂志、企业官网、微信公众号、视频号、OA系统等多元媒体矩阵，建设企业文化展厅、西溪园电子屏宣传系统、平面喷绘视觉系统等实体文化阵地，培育多方位多层次的文化宣传渠道库。

○ 数智交院企业文化活动掠影

成效和启示

数智交院以企业文化建设为抓手，全面推进改革攻坚、经营生产、科技创新、育才引才等各项工作，确保企业文化要素能够传承历史、解决问题、与时俱进，不断深化对文化赋能工作的规律性认识。

一、讲政治、强使命，是有序推动国企责任履行的压舱石

只有把党的领导融入公司治理各环节，才能在国企文化建设中注入创业动力、创新活力、创造实力。在“十三五”期间，公司党委坚持将党的政治优势与建设交通强国的主业主责相融合，完成勘察设计高速公路1300公里、普通国道省道1240公里、港口泊位89个、航道400公里，完成近50项省级研究项目和100项县市级规划研究项目，彰显国企政治担当。公司党建品牌被评为全国企业党建优秀品牌，“攻城狮”职工文化品牌获评全省职工思想政治工作优秀案例，文化宣讲作品屡次斩获省微型党课大赛一等奖等荣誉。

二、凝共识、重传承，是有效赋能生产经营品质的强心剂

只有在文化建设中高度重视员工需求，注重发展人本主义，依托共同的文化记忆沉淀和以奋斗者为本的创业氛围塑造，不断挖掘企业发展需求和员工利益需求的最大公约数，才能持续增强企业发展的后劲。通过提升员工的归属感、荣誉感与奋斗意识，让员工积极性与创造性得到进一步激发。数智交院“一路二桥三隧道”项目入围全国公路交通勘察设计经典工程，连续4年获评全省现代服务业重点行业“亩均效益”领跑者；近年来荣获国家科技进步一等奖、中国土木工程詹天佑奖、国际咨询工程师联合会（FIDIC）“特别认可奖”等奖项。

三、聚融合、促创新，是有力驱动转型升级发展的加速器

只有聚焦企业文化继承性与延展性的融合工作，依托激发守正创新、奋勇向前的创业智慧，重视快速变化的新形势、新挑战、新要求，才能确保企业行稳致远。近年来，在传统勘察设计文化与数智新基建文化的融合过程中，公司改革攻坚与数字化成效不断放大，入选省国资委“省级科改示范行动”企业名单、国务院国资委“科改企业”扩围深化名单，主编全国首部智慧高速、智慧航道建设指导文件，推出了“数智建管”“数智交管”“浙里航”等一系列数智产品，成果案例荣登省委数字化改革专报。

（执笔人：马　楠　丁佳莹）

案例

26

CHNT 正泰

共创共享，活水之源

○ 正泰集团股份有限公司

○ 正泰集团股份有限公司杭州新能源园区

背景介绍

正泰集团股份有限公司（以下简称：正泰）始创于1984年，是全球知名的智慧能源系统解决方案提供商。正泰始终聚精会神干实业、一门心思创品牌，形成了绿色能源、智能电气、智慧低碳三大板块和正泰国际、科创孵化两大平台，着力打造“211X”经营管理能力，即智能电气、新能源两大产业集群化能力，区域本土化能力，中后台集成化能力，科创培育生态化能力。集团业务遍及140多个国家和地区，全球员工5万余名，2023年营收1550亿元，连续20余年上榜中国企业500强。正泰不断深化“一云两网”战略，率先构建能源物联网、工业物联网平台，在绿色低碳发展新蓝海中争做探索者、倡导者、实践者。

作为民企转型标杆之一，正泰高度重视企业文化建设，形成包括企业愿景、使命、核心价值观、经营理念等在内的一整套文化理念体系，面对环境变化和产业升级需求，坚持不懈地开展企业文化建设行动，使共创共享成为正泰40年发展巨变的活水之源。正泰着力于多层次升级企业文化体系、数字化开发文化管理平台、抓重点开展品牌文化活动、强创新拓展文化传播载体等，通过共创共享彰显企业文化活力魅力，助推企业高质量发展。

主要做法

一、制度保障，多层次升级企业文化体系

一是决策层面做好顶层设计。企业文化建设是系统工程，需要企业成体系规划、有步骤实施。集团决策层高度重视企业文化的凝聚力、向心力作用，在集团规划中专设文化建设相关模块，确定总体方针要求；成立企业文化建设领导小组，由董事长任组长，成员包括总裁班子和主要产业公司一把手，另下设企业文化建设工作小组，成员包括产业文化实施部门负责人和党群负责人；出台《企业文化管理制度》，确定企业文化建设归口管理部门、责任部门、协同部门及工作机制。

二是实施层面做好组织保障。正泰把企业文化体系分解成文化理念体系、文化宣贯体系和文化激励体系。文化理念体系主要指核心价值观体系，包括企业使命、愿景、核心价值观、经营理念和品牌价值等。文化宣贯体系主要依托企业文化讲师队伍，由企业文化建设部门联合正泰学堂、人力资源部，定期组织文化培训、优化课程内容、提高讲师能力，把文化宣贯落到实处。文化激励体系通过颁发荣誉勋章、评优树先等来凝聚人心、驱动战略、支持业务。正泰还定期召开企业文化半年度、年度工作会议，总结文化建设成果，引导全体员工交流经验、改进不足。公司通过制度、体系、人员、资源等多方面保障，确保文化建设工作落地见效。

二、数字赋能，打造“泰有范”文化数字化平台

一是通过“泰有范”提高组织黏性。正泰深入践行“产业化、科技化、国际化、数字化、平台化”战略举措，推进“数字正泰”经纬工程。针对集团人才结构多样化、年龄跨度大等特点，搭建符合各类型员工的文化平台，做好价值引导。2022年，公司上线“泰有范”

（WorkLife）企业文化建设重要平台。“泰有范”操作方便、触达性强，手机App和电脑PC端均可使用，通过开辟泰荣誉、创新星选、公司资讯、泰温度、泰生活、泰公益、文化季等模块，实现资料提报、互动沟通、员工展示、即时认可、福利商城、权益兑换等功能。平台为每位员工设置专属页面，可与他人实时互动，赠送感谢卡（绩效类卡、价值观卡、定制卡）、发布拼车信息等。上线两年来，“泰有范”平台总浏览量达98万人次，发放感谢卡5378张，丰富了员工体验，增强了文化黏性。

○ “泰有范”平台基于企业文化全维度描绘的组织和人才画像

二是通过“泰有范”加强产业共创。由于集团产业多元、业务遍布全球，存在部门壁垒、文化场景分散、感知不足等痛点，集团一方面根据不同产业公司的个性化需求，在“泰有范”开辟数字化文化场景应用模块。目前，“泰有范”已上线8家产业公司（单位）相关功能，计划新增上线3家产业公司（单位）和平台国际版。例如，正泰低压智能电器研究院定制敬业卡，对员工优秀表现及时奖励，增强了员工成就感。另一方面，根据员工对福利的多样选择，整合相关产业资源（九亩农副产品、正泰居家小家电等），在第三方平台开辟正泰专区，员工可以用赚取的福利、公益积分兑换产品。此外，通过“泰有范”

的后台数据分析等，可以辅助诊断组织问题，实现企业软性管理。

三、活动支撑，抓重点实施品牌文化活动

一是以重点文化活动助推战略落地。文化活动是企业文化建设的重要抓手，但各种活动点多面广，正泰采取抓大放小方式，集中精力实施重点文化活动。例如，“创新”是正泰核心价值观之一，集团依托“泰有范”文化平台，每年开展以“创新我闪耀”为主题的正泰“三金”（金案例、金先锋、金点子）创评活动，从发文成立领导小组和工作小组、发布方案，到组织初评复评终评、给予奖励并宣传和汇编创新案例集等，形成全流程闭环；通过持续挖掘创新成果、交流创新做法，营造创新氛围，助推战略落地和业务开展。每年的“三金”创评活动，常规设置营销创新、技术创新、管理创新、创业创新四大类型，并根据集团年度战略导向，灵活设置降本增效、国际化创新等新增类型，从各业务线提取亮点项目、沉淀创新智慧，在集团上下培育“人人想创新、人人敢创新、人人会创新”的创新文化。

二是以主题活动营造幸福文化氛围。集团已经形成丰富的文化活动品牌，满足不同群体员工的文化需要，增强员工对企业的认同感，营造幸福和谐的文化氛围。例如，连续举办25届“正泰新声代”青年歌手大赛，由集团文化建设部门、团委轮流主办，联动温州、杭州、上海等地的产业园区公司协办，丰富年轻员工的业余生活，加强各产业、各部门之间的文化交流；定期组织开展男子篮球联赛、男女职工乒乓球赛等，营造青春活泼的组织氛围；精心策划正泰文化节，举办品读经典、正泰家书、书送爱心、“碳”寻足迹、职工联谊等多姿多彩的活动。

三、拓展渠道，强创新丰富文化传播载体

一是持续推出正泰图书系列。在40年的创新创业历程中，正泰由小到大，不断蝶变升华，在产业转型、体制创新等方面留下许多值得总结的经验。除《步履正泰》《让客户心动》《筑梦正泰》《向心力》

等图书外，近年来，编撰多卷本《正泰纪事》，系统梳理企业发展历程，为正泰文化写下生动注脚；协助外部专家深度调研正泰、采访高层，撰写正泰企业发展研究著作《南存辉：行稳致远》等，总结出“长期主义、专业主义、共创主义、共享主义”经验，推出新版《正泰文化手册》；围绕企业40周年庆，策划编撰《正泰相册》等书籍。正泰对内向外传播正泰企业精神、经营理念等，讲好正泰故事。

二是开发文化吉祥物小泰系列。开发IP生泰园（包括主小泰、国际小泰、业务小泰等）和系列文创（小泰盲盒、雨伞、保温杯、帆布包等），应用于员工培训、团队建设、客情公关、展览展示等场合，深受员工和客户喜爱，提高了企业文化的辐射力和传播力。此外，在“正泰飞讯”上开通“正泰文化范”内宣订阅号，实现全集团文化展示，文化资讯、典型报道、互动交流、榜样人物等，不断完善功能，提升文化宣贯效率。

成效和启示

一、服务战略变革，助推业务开展

企业文化建设的服务对象既包括企业本身，又包括企业员工，其根本目的是推动企业发展，要围绕不同阶段的企业战略导向和发展方向，结合业务特点开展重点文化建设。正泰在“三金”创评活动中，充分调动集团高层及产业公司管理层和业务骨干参与，将评优树先和人才激励相互融合，深受各产业公司认可，直接助推一线业务开展。

二、加强共建共享，营造文化生态

企业文化建设要从员工中来回到员工中去，只有不断创新形式，发动员工参与，满足员工多样化的文化需求，才能真正实现以人为本，做到既接地气又有活力。正泰图书系列、小泰文创系列、“文化范”订阅号等，分别从精神理念、文化形象和传播形式等层面，探索新形势下的新题材、新做法，以员工喜闻乐见的形态和形式，拓宽丰富企业文化建设内涵和载体。

三、注重公益文化，汇聚社会力量

正泰致力于企业、社会和环境生态的多方平衡，构建ESG体系，践行绿色低碳高质量可持续发展。“双碳”时代，正泰更加突出公益文化建设。在“泰有范”的“泰公益”板块，可以迅速展示、扩散公益活动的关键信息和行动。设计“公益积分”“公益排行榜”板块，将正泰的公益事业真正融入组织文化和人才激励中。在青年歌手大赛、文化节系列活动中融入公益元素，比如公益捐赠、公益集市、一度电爱心基金等，在员工和生态链伙伴中传递爱心，汇聚公益力量。公司先后荣获“中国民营企业文化建设三十标杆单位”“新中国70年企业文化建设典范案例”等荣誉。

（执笔人：姜井勇）

案例

27

擦亮“链上兵团”品牌，汇聚“链上文化”力量

○ 中国移动通信集团浙江有限公司温州分公司

○ 中国移动通信集团浙江有限公司温州分公司总部

背景介绍

中国移动通信集团浙江有限公司温州分公司（以下简称：温州移动）是温州地区目前客户规模领先、网络规模领先、综合价值领先的通信和信息运营商。近年来，公司收入规模突破100亿元，千兆用户接入能力、个人市场净增用户、家庭市场宽带用户均排名全省第一。

提高产业链供应链韧性和水平是加快建设现代化产业体系的必然要求。面对央企运营商上下游产业发达、企业众多却无法形成全链条管理的情况，温州移动创新打造“链上兵团”品牌，助力企业上下游产业链条畅通、组织能力提升。“链上兵团”具体来说，就是将文化共建引入产业链条，以共同的“芯”推动产业上下游、产学研单位、大中小企业加强文化联动，将各方创新力量汇聚在“链”上，不仅为企业转型升级和提升社会影响力构建了载体，也为产业链上的合作伙伴共同开展文化合作提供了平台，真正以“链上文化”力量增强了“链上企业”软实力。

○ 温州移动举办“领题破题　合力攻坚”主题实践活动授旗仪式

主要做法

一、汇聚“产业链”，文化助推转型跨越

在企业生产经营过程中，以“文化内链”驱动“产业外链”一体运转，是温州移动近年来提升产业链发展质效的创新举措。通过文化共建整合资源、队伍、技术和保障，下沉“链上企业”引入先进技术和服务理念，推动产业链企业把准高质量发展方向，切实把文化优势转化为产业链不断攀升的发展胜势。浙江省非公企业超200万家，占企业总数92%，技术转型发展是非公企业的重点需求。公司聚焦重点链条、新兴链条及其上下游重要环节，强化与当地民营企业的文化共建，与229家单位签订共建协议，建立DICT行业性联盟等，协同建设了皮革鞋业、泵阀（泵业）、汽摩配、包装印刷等产业链项目，全力解决产业链“缺芯少核”的问题。同时打造“链上兵团”，加强公司80个基层网格与企业所在社区、园区等基层单位的文化共建，围绕痛点难点问题，协商建立联席会议制度、活动领办制度、联络员制度等，系统推进标兵选树、兵团攻坚、军营训战等“链上文化”活动，与合作伙伴共同发现需求、共同创新产品、共同创造价值。

二、拓宽“供应链”，文化助推数智赋能

当前，新一轮科技革命和产业变革加速演进，加大了供应链“脱钩断链”的风险，也对增强供应链韧性和竞争力提出了更高要求。作为供应链上的牵头单位，温州移动衔接上下游供应商及用户单位，坚持解决供应链上难点、堵点的问题导向和实现企业互利共赢的结果导向，通过发挥文化共建的协同作用，推进“理论互学、文化互联、活动互动、业务互促”四大工作。5G网络工程建设下游产业发达，包括运营商、设备商、芯片、终端、应用和垂直行业等在内的上百家企业，若供应链流程存在局限，则无法实现全链条管理，且难以应对越

发复杂的经济环境。为确保供应链畅通、组织能力提升，温州移动联合烽火通信、中天科技等“链”上单位共建合作，引导党员员工积极推进供需对接和知识共享，形成优势互补，打造智慧物流、智慧仓储、智慧采购等配套场景应用，结合全覆盖的5G网络与云端服务器，实现供应管理的“智数合一”，实现700M、5G、5G网随等项目次日达，相关数据整理从1小时缩短到10—20分钟，逆向退库时长缩短70%。在杭州亚运会通信保障中，公司打通工程物资种类配送上下游供应链，打造5G物资大脑平台，构建资源管理智能化云图系统，确保数量庞大、品类繁杂的亚运通信物资存储安全无虞。

三、升级“创新链”，文化助推守正创新

强化创新链既是网信领域央企落实党中央决策部署、以信息化推进中国式现代化的责任，也是强化科技创新、培育新质生产力的企业需求。温州移动锚定浙江省数字经济创新提质“一号发展工程”，把科技创新摆在企业发展的突出位置，围绕文化链部署创新链，在5G信息化领域持续开展基础性、前瞻性技术研究，持续引领行业转型升级。一是加强干部员工的跨学科交流培养，构建员工数智化指数体系。深化“AIOps创新开发”等生态型组织建设，在6G、算力网络等前沿领域开展文化交流，5G智慧展厅向社会开放参观100余场次。二是深化产学研用协同，找出“卡点问题”及技术瓶颈，绘制“研发合作图谱”。与科创企业、高校和科研机构等共建数字驿站、5G融媒体实验室等10余个联合创新载体，聚合超100个合作伙伴，助力“未来社区”、智慧交流、工业物联网等千行百业数智发展。比如，在苍南县城市运营中心，穿行城市中的公交车化身为“AI巡检员”，车身四周安装有5G物联网设备，采集公路设施、城市秩序、市容环卫、气象环境等方面信息，实现多范围和多领域城市事件物联感知。温州移动相关项目获得国际质量创新大赛一等奖、“绽放杯”5G应用征集大赛工业专题赛一等奖等荣誉。

四、延伸“服务链”，文化助推兴业为民

面向基层群众的服务活动常存在组织散、周期短、力量单薄、质量参差不齐等现象，缺乏有力统一的组织协同。公司聚焦文化引领，以“全域联盟”为切入点，建立服务型联盟，协同成员单位落实助企、惠民服务措施，打造了文化工作与群众服务、社会责任同频共振、互促共赢的“服务链”，能够促进各类资源在联盟内重组优化，形成“1＋1>2”的效应。温州移动通过集聚各单位扶持政策、配套资金、技术资源，联动出台红色党建、红色数智、红色实践、红色先锋“四大服务”，点单式、联动式、暖心式解决群众身边“关键小事”，打造了“我是一面旗”“小背包大服务”等服务品牌。比如，在永嘉县洋湾村，公司固定在每周日协同交警、医院、公益团体等单位实施“组团服务”，为村民提供手机义诊、燃气安全、交通宣传等上门“服务礼包”。循着浙江省“千万工程”的指引，公司延伸拓展了数治链、共富链、生态链等形式多样的做法，助力城市治理和乡村振兴。

成效和启示

一、文化共建不断深化，产业优势连续放大

温州移动运用文化这一共同的“芯”联动产业链上下游企业，已为数十家龙头企业打造高水平智能生产线、数字化车间、智能工厂、微智造项目等，积极推进康奈集团5G皮革鞋业生产线、瑞普能源5G全连接工厂、瑞明汽车轻量化关键零部件生产等项目建设。公司充分认识到要从更高站位、更广视角看待党建引领高质量发展，把组织优势、文化优势切实转化为企业竞争优势、发展优势；同时要围绕当地经济

和协同发展需要，助推区域传统产业转型升级和新兴产业培育集聚。

二、文化引力持续拓展，供应协同更加鲜明

温州移动基于做大做强做优做特供应链条，帮助合作伙伴共同发现需求、共同创新产品、共同交付项目、共同创造价值。凭借供应链链条管理提升成果，公司获评浙江移动重点领域改革推进优胜单位、智慧运营项目推进优胜单位等荣誉称号。在实践探索中，公司充分认识到：只有以文化共建为纽带，对外持续拓展共建载体，强化示范带动效应，对内发挥业务部门的主导作用，加强跨部门协同，才能拓展工作的广度、深度，以工作成效检验企业文化建设成果。

三、文化实践稳固提高，创新能力连接加强

温州移动认识到要以文化共建为纽带，广泛建立创新联盟，将各方创新力量汇聚在“链”上，推进供需对接和知识共享，形成优势互补，切实解决企业现实问题。公司牵头建设物联网（温州）基地浙南研究中心，已积累10大行业、30多个场景、700多个类别的城市终端接入。作为网信领域央企，要勇担网络强国、数字中国、智慧社会主力军使命，放大信息通信企业拉动投资、促进消费的“扁担效应”，推动数字经济不断做大做强做优，持续推进长三角区域一体化等国家战略落地，彰显责任担当。

四、文化作用持续发挥，兴业为民更加凸显

温州移动以文化共建打造融入百业的“推进器”，做到兴业为民，推动企业不断提高社会责任感和影响力。公司年均开展志愿服务超千场、“服务进企”超万场，完成杭州亚运会、抗台抢险等重要活动的应急通信保障，先进事迹被“学习强国”、《人民邮电报》等媒体平台报道超100次。文化建设是企业担当作为、兴业为民的重要平台，要充分发挥党组织的战斗堡垒作用和党员先锋模范作用，推动党的工作力量下沉，推动文化进基层、进班组、进网格。

（执笔人：杨　发　陈　旸）

案例 28

创新文化体系建设，共绘“品味英特”同心圆

○ 浙江英特集团股份有限公司

○ 浙江英特集团股份有限公司药谷大楼效果图

背景介绍

浙江英特集团股份有限公司（以下简称：英特集团）是浙江省国资委下属省国际贸易集团旗下上市公司，为省内最大的医药流通企业。公司下辖药品、器械、新零售、物流、中药五大事业部及英特医贸公司，涵盖医药分销、终端零售、现代物流、电子商务、品牌推广等多种业态，旗下拥有40余家成员企业，销售网络遍布浙江、辐射华东、面向全国，经营规模位列全国药品流通行业前十。公司近年来荣获全国抗击新冠肺炎疫情先进集体、全国五一劳动奖状、全国一星级青年文明号、浙江省先进基层党组织、浙江省政府质量奖、浙江省企业文化建设优秀成果奖等荣誉。

为进一步增强市场竞争力并构建完善文化体系，英特集团将卓越绩效管理模式融入企业文化创建，创造性地将企业文化创建的核心举措与卓越绩效管理模式的关键要素相对应，探索构建了立足于卓越绩效管理基石的企业文化创新路径，企业文化体系的系统性、科学性、成熟度明显提升，生命力、吸引力、传播力显著加强。自2015年引入卓越绩效管理模式后，英特集团企业管理水平不断提高，2019年至2021年分别获下城区政府质量奖、杭州市政府质量奖、浙江省政府质量奖，实现三级跨越。

主要做法

一、融合卓越绩效管理，践行使命愿景初心

企业文化是企业管理理念的提炼升华，也是公司日常运转蕴含的内在形象。英特集团把企业文化建设摆在战略高度，将卓越绩效管理模式的核心内涵“以顾客为中心”“系统思考和系统整合”“社会责任”等要素，融入英特文化体系创建的全过程，构建了以“一个中心”为统领、以“三目标”为方向、以“四基工程”为基础的“英特企业文化大厦”，为文化理念落地提供参照。

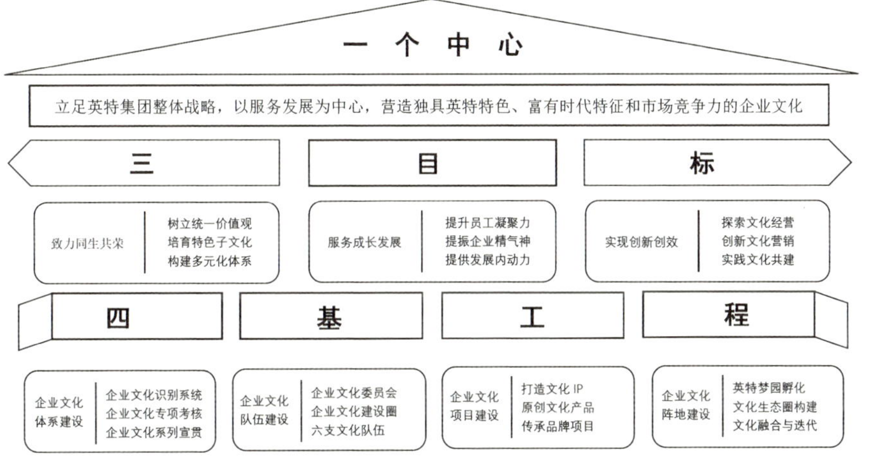

○ “英特企业文化大厦”图示

卓越绩效管理模式的融合，用“理念识别系统（MIS）”将英特集团使命、愿景、价值观等核心文化予以明晰，为公司践行初心使命提供指引。作为浙江医药流通领军企业，公司自成立之初就将“守护人民健康”融入公司血脉，心怀“致力于人类的健康事业”使命，奔赴“成为中国领先的医药健康综合服务商”愿景，秉持“守正、创新、全局、卓越”价值观，多年来为护航“健康浙江”建设不竭贡献

英特力量。积极响应省政府民生实事项目号召，在全省设立90余个“送药上山进岛便民服务点”和20余个“民生药事服务站”；牵头实施慢性病长期处方药品“门对门”配送服务，每年为全省近万名肾病患者配送腹膜透析液14000吨；连续20余年承担全省重点医药储备任务，以最高份额中标2023—2024年度省市两级医药储备承储项目；全力以赴护航杭州亚运盛会，获亚（残）运会组委会官方感谢信。

二、深耕外部联创联建，畅通互联互信渠道

围绕共谋最大公约数，英特集团深耕联创联建项目，以点带线、以线成面凝聚坚定共识。以破除横向沟通壁垒、畅通互联互信渠道为重点任务，成立企业文化与品牌建设专业委员会，搭建内外部组织沟通网络，联动各单元企业文化建设责任人、通讯员、宣讲员，实现联络环节全覆盖。以打造载体网络、助推强强联合为主要路径，通过开展“融药与共”生命健康产业党建联建和党建文化“1＋1＋X”联创联建，与近百家外部单位建立联建关系，有效发挥文化在上下游链接、板块协同发展、政企合作共建方面的纽带作用。

英特集团与康恩贝股份、省中医药产业集团等生命健康产业单位共同创立“融药与共”党建联建品牌，进一步梳理品牌内涵和实施路径，与浙大城市学院医学院、金华市交投集团、江山市张村乡党委开展联建活动；根据公司架构和业务实际，推动各基层党组织加大联建力度，建立“共享资源、共育党员、共抓队伍、共创先锋、共谋发展”联建机制，先后与浙大邵逸夫医院、浙江天皇药业、振德医疗等70余家单位建立联建关系，2023年共开展近60次联创联建活动；邀请浙大一院、浙大二院、齐鲁制药、恒瑞制药等客户单位，共同成立“药健康”运动同盟。

三、激发职工主体活力，夯实文化育人基石

围绕共绘最美同心圆，英特集团致力提高职工幸福感获得感，以人为本探索激发职工活力路径。以尊重职工主体地位、发挥员工主力

作用为工作方向，先后组建篮球队、足球队、健跑团、艺术团、电竞社等9支文化队伍，支持以社团为主体举办职工赛事和参加外部活动。以搭建职工风采展示平台、策划多彩文化体育活动为主要内容，组织开展技能比武大赛、演讲比赛、青年发展论坛、读书沙龙、职工运动会等文体项目。

2023年完成社团招新工作，举办“英你而动　悦享健康”职工篮球赛和第三届“英特王者杯”电竞比赛，与杭州市市场监督管理局开展羽毛球联谊赛；先后举办第五届职工运动会、第十届青年发展论坛、“绝对洞察”运营思维战队赛、“幸福英特　与你同行”第二届阳光家庭日等职工活动；重点打造“好美英特”女工品牌，组织开展“玫瑰书香　阅读悦美”女职工读书沙龙、“三八”女神季系列活动，1名女职工获评2023年全国“玫瑰书香·阅读学习”成才女职工，1名女职工获评2023年度省财贸系统特色品牌服务员；在“最美一线”“最美女职工”“员工满意的经理人”职工品牌基础上，2023年评选表彰10名青年职工为“英特好青年”。

成效和启示

一、坚持党建引领，创文化铸魂工程

英特集团致力于推动企业文化与思想政治工作有效联动，将时任浙江省副省长刘小涛调研时提出的“希望英特争当浙江国企基层党建的一面旗帜”融入“三个一”企业文化，升级成为“3+1”特色文化，不断推进文化铸魂工程。坚持把加强产业工人党建工作和青年政治思想引领作为重要工作来抓，引领职工听党话跟党走，引导青年扣

好人生第一粒扣子，2023年英特红心文化教育基地入选第二批浙江省产业工人思想政治教育基地名单。

二、坚持内核凝练，创文化显化工程

英特集团将文化内核予以凝练，通过“文化行为识别系统（BIS）”不断推进文化显化工程，以企业宣传片、吉祥物、文化产品、文化品牌等内容具象化文化理念。焕新升级党委“红心闪药”党建品牌，统领党建联建“融药与共”品牌、纪委“药清莲”品牌、团委“闪药青春”品牌及28个基层党支部品牌。将英特文化转化为营销资源，创办文化IP——英特文化节，邀请政府、客户、协会等相关方参与，2020年第七届“英特文化节”表演原创节目13个、发布文化专题片3个，与客户共创文化作品《品味英特》，视频图片直播累计观看人数超20万人次。拍摄《英特战“疫”》时代专题片提炼“英特精神”，发掘职工一线文化故事，以身边人、身边事诠释英特文化核心理念。

三、坚持融入中心，创文化赋能工程

英特集团坚持将文化体系创建融入中心工作，立足时代、面向市场，不断推进文化赋能工程，发挥文化创建“软实力”反哺企业发展“硬实力”功能。围绕“内涵式增长、外延式扩张、整合式提升、创新式发展、生态圈协同”战略路径，践行“全产业赋能、全客户覆盖、全品类经销、全生命周期服务”理念，2023年实现营业收入320.52亿元，同比增长4.68%，实现归母净利润4.89亿元，同比增长130.09%，以向上向好经营业绩诠释国企担当，以高质量发展成果回应文化赋能。

（执笔人：徐逸枫）

案例

29

让企业文化入心入脑，提升产学研创新驱动

○ 浙江伊利康生物技术有限公司

○ 浙江伊利康生物技术有限公司科技园

背景介绍

浙江伊利康生物技术有限公司（以下简称：伊利康）自1992年创办以来，从无到有、从小到大、从弱到强，先后获得全国五一劳动奖状、浙江省十佳企业文化品牌建设优秀单位、省级专精特新中小企业、省级创新型示范企业、省级青年文明号、省级劳动关系和谐企业、温州市最美工厂、市级重才爱才先进单位、市级十大科技创新企业等奖项荣誉。

伊利康以“发展生物技术，造福人类健康”为根本宗旨，强调用科技创新为企业注入发展动能，坚持注重实效、大胆探索、勇于创新的原则，从产、学、研三方面发力，大力开展科技型人才培育工作。公司高度重视企业文化建设，用心打造以“企业把员工当成家人用心关爱，员工把企业当成自己的家”为核心的伊利康“家文化”，增强员工归属感，与企业同成长、共进步。

主要做法

一、坚持党建引领，凝聚企业发展合力

伊利康深知科研创新是企业发展的原动力，多年来坚持党建与生产经营同研究、同部署、同检查、同考核，以党建引领促进科研发展，发挥党员“领头雁”作用，在员工间广泛开展思想政治学习研讨和岗位技能“大练兵”，为企业凝聚发展动力。

支部建在生产线。深化“双向进入、交叉任职”机制，由公司高

管担任党支部书记，党员中中高层管理人员及技术骨干占比80%，强化了经营发展与党务工作双融双赢。将主题党日、“三会一课”等组织活动落实在车间，探索开展融入式、开放式、体验式、实践式、讲授式等组织生活方式，变“党内活动”为“党群互动”。结合车间和班组晨会开展“班前10分钟”活动，即提前10分钟到岗，商讨前一天存在问题及当天工作要点；采取“线上+线下”模式，创立车间党建微信群，实行每日微播报、每周微党课、每月微分享、每季微提案，加强党建氛围营造，提升公司管理水平。公司按照有场所、有设施、有标志、有党旗、有书报、有制度“六有”标准，打造了一个“开放式”的党支部活动中心，确保党员学有场所。

党员带动科研链。落实“一会一刻钟、一月一主题、一季一服务、一年一考核”的“四个一”管理机制，强化党员和生产骨干的教育培养，把党员培养成生产经营骨干，将生产经营骨干发展成为党员。选取资历深、能力强、口碑好、业务精的党员员工，以“一帮

○ 伊利康人才咖啡厅

一”的形式指导新员工，强化传帮带成效，促进员工快速成长。建立以党员邓慰、池万余同志为领头雁的“党员创新工作室”，工作室成功申请10多项产品专利，2项产品获美国CDC溯源认证，连续两年获得7项二类医疗器械产品注册证书，累计获政府500多万元奖励资助，为企业高质量发展树立了党员榜样。

品牌创造价值链。打造“四共党建”品牌。“发展共谋”是“红色引擎”，“人才共育”和“业绩共创”是车之双轮、鸟之双翼，前者承担“人才驱动”，后者负责“创新驱动”，“成果共享”是最终目标。目前，伊利康拥有CNAS实验中心、省级企业研究院、省级博士后工作站、省级高新技术研究开发中心、省级企业技术中心、温州大学伊利康生物科技研究院、伊利康上海研发中心等科技创新研发平台。公司已取得近100个产品注册证，以及17项国家发明专利、3项实用新型专利授权。

二、坚持汇智借脑，激发企业创新活力

公司始终把创新放在重要地位，坚定不移推进创新经营，以创新创造价值，坚持科研驱动销售、销售反哺科研，每年在科研整体投入金额不低于销售额的5%，促进创新要素向企业集聚，推动更多科技成果转化为现实生产力，为产业发展提供有力支撑。

建立自主创新机制。推行“年度重点工作员工说了算”机制。每年年初，公司总经办向各部门、员工代表征集年度重点工作，与企业共同研究发布年度重点“20项工作任务”，年终则针对“20项工作任务”进行绩效考核，形成“PDCA”（Plan计划、Do落实、Check考核、Action改进）的良性循环机制。

构建学术交流平台。办好学术交流会议。伊利康提出“以学术促发展”的战略性发展方针，主办或协办全国性业内学术会议100多场，自2019年以来每年承办华东六省一市医学检验技术专业技能大赛，助推医学检验技术人才培养。公司于1993年创刊的《伊利康通讯》，

介绍国内外临床检验新动向、刊登优秀论文、报道新产品信息等，为促进业内学术做出积极贡献。创办科学技术协会，大力开展技术业务知识学习与竞赛，加强企业科普活动的普及和推广，修炼企业“内功”。

搭建多方合作关系。以各大专院校、科研院所为依托，不断引进国内外先进技术优秀人才。公司先后与美国、法国、德国、日本等国家的科研单位进行合作，同时与北京、上海、深圳、武汉、杭州、温州等地的高等院校、科研院所建立了友好互利合作关系。公司广泛开展联合技术创新，实现互联互补，通过合作研究、委托开发、技术入股、成果转化、咨询指导等方式，与产学研单位建立了广泛的新产品开发协作和人才培训关系。

○ 伊利康文化客厅

三、坚持厚植文化，赋能企业干事效力

伊利康充分发挥企业文化引领战略发展、凝聚员工合力、激发内生动力的作用，培育丰厚的文化沃土，为企业高质量发展赋能蓄力。

营造企业“爱才重才用才”氛围。伊利康通过开办员工轮训班、培训班，快速高效地使现有人才及时更新知识体系、补充岗位需要的技术能力等方面的欠缺；开展岗位交流活动，使各类人才得到交叉任职，达到复合型创新型人才的标准；通过企地交流的形式，更新员工的知识结构，提高技术创新能力和管理创新能力；通过校企合作引入大批后备人才。公司还出台相关奖励政策，鼓励员工继续求学，提高学历水平，引导员工不断向高学历、高素质、高能力人才发展。

关照员工“所思所想所需”现实。企业要做到留人留心，关键是要把员工所想所求作为工作的第一信号，为员工办好事、办实事。伊利康精心为员工打造公寓式员工宿舍、人才咖啡厅、专家楼、文化客厅、党群文化中心、各类配套设施齐备的文化俱乐部，包含图书室、户外沙龙区、运动休闲区、群团工作室等，常态化开展员工喜闻乐见、健康有益的文体活动。

激发团队“同心同向同行”热情。丰富的文娱活动为员工团队凝心聚力。在企业员工中开展各种形式的文体活动，用快乐活泼的形式潜移默化地引导员工树立与企业文化和谐统一的职业观、道德观和价值观。公司每月开展一次集体性活动，由公司搭平台，俱乐部当推手，党、工、团、科协齐参与，开展丰富多彩的员工文化体育活动，引导员工积极参与健身运动，培养兴趣爱好，大胆展示个人的特长，增强集体荣誉感和团队凝聚力，使团队更加融洽和睦。

成效和启示

伊利康一直坚持以“发展生物技术，造福人类健康”的企业宗旨打造企业文化服务平台，给予员工更多的尊重和认可，引领员工与企业共同成长。

一、明确目标勇于创新，引领企业稳健前行

伊利康把提振信心作为企业文化建设的重要内容，搭建了以“发展生物技术、造福人类健康”为核心的企业文化目标体系，较好地发挥了企业文化的团结、激励、凝聚、感召和导向作用，增强了企业快速稳健发展的坚强决心。公司每年都会开发3到5个新产品，其中以生化系列、免疫比浊、酶免等方面的产品为主。

二、借力创新培育人才，提升企业核心竞争力

伊利康坚持以人为本，和谐发展。公司员工的信念就是不断完善产品、开拓市场、服务社会，向全国领先健康产业的目标定位进发。公司把员工作为企业文化建设的核心，注重提升凝聚力、向心力、创造力，用共同的奋斗目标和理念鼓舞士气、凝聚力量，提升公司核心竞争力。近年来，随着公司文化建设的不断深入，各类人才不断涌现，公司专业技术人员占公司总人数的比例不断攀升，由原来的不到40%提升到现在的65%。

三、创新员工福利体系，营造企业“家文化”

伊利康把关心员工文化生活放在突出位置，不断修订和完善管理制度，对员工的生产、工作关怀备至，要求员工的冷暖有人问、急难有人帮、生活有人管、呼声建议有人听、成绩进步有人赞、好人好事有人夸，对员工的婚育、体检、旅游疗养、健身锻炼、学习培训、子女就学等给予全方位关心和福利支持。公司先后获浙江省十佳企业文化品牌建设优秀单位、温州市企业文化中心等荣誉。

（执笔人：苗　准）

文化为核，助推企业高质量发展

○ 杰克科技股份有限公司

○ 杰克科技股份有限公司总部大楼

背景介绍

杰克科技股份有限公司（以下简称：杰克公司）是全球缝制设备行业龙头企业，也是集面辅料仓储、数字板房、智能裁剪、吊挂缝纫、后道分拣、智能仓储，以及APS、MES、WMS、PDM等软硬件为一体的服装智能制造成套解决方案服务商。产品惠及全球160多个国家和地区，服务于服装、鞋业、箱包、家具、皮革、汽车、航空等多个领域。

在市场竞争日益激烈的今天，制造型企业如何不断提高企业竞争力、实现可持续高质量发展已经成为一个重要命题。杰克公司以企业文化为核心竞争力，把企业文化放在战略高度去考虑，积极建设和完善企业文化，形成了一套独具特色的企业文化建设模式。杰克公司以台州和合文化及大陈岛垦荒精神为企业文化的精神源泉，在长期实践探索中，将中华传统文化基因与现代管理文化相融合，以企业文化创新提升核心竞争力，积极践行学习文化、创新文化、团队文化和危机文化，为杰克公司高质量发展注入了不竭的动力，先后获得中国企业文化建设先进单位、中国管理模式创新奖、浙江省“创建学习型组织　争做知识型职工”示范单位等荣誉。

主要做法

一、学习文化建设高质量人才团队

“学习是应变之道，培训是永不折旧的投资，成才是员工最大的福利”，这是杰克公司特有的企业理念。杰克公司坚持以“文”化人，积极推进学习型组织建设。

第一步，读好书。每年开展全员读好书活动，员工边学习边写读书心得，公司及时将好的读后感刊登在《杰克报》、《杰克人》、“杰克文化”公众号等媒体上，并汇编成书，与全员共享。

第二步，出好书。以员工优秀事迹为内容主体，组织员工开展漫画创作，出版了《杰克员工漫画集》系列。同时，以企业发展为蓝本，出版了《活力之源》《人本杰克》《民企杰克》等多种书籍。

第三步，抓培训。每年投入数千万元用于员工职业培训，并组织员工到华为、阿里、富士康、雅迪、方太等知名企业进行跨界学习、标杆学习，吸收优秀企业的管理经验，确保员工知识和能力不断提升，公司管理水平和技术水平不断提升。

第四步，建机制。公司秉承“能者上，庸者下”的用人标准，实行公开选拔、竞聘上岗、动态管理，建立了M和P序列的职位职级管理体系，形成管理和专业双通道职业发展体系。

二、创新文化打造创新型活力组织

杰克公司把创新作为文化建设的核心来抓，从创新管理入手，鼓励和推动全员创新，打造创新型组织活力。公司采取“两头并进”战略。一方面，吸纳先进文化，创新现代企业管理机制。公司引进集成产品开发IPD、精益生产、华为战略规划等先进理念，使产品质量、生产效率得到了快速提高。另一方面，营造独具特色的企业创新文化，鼓励全员创新。公司全面开展“小改进、小发明、小创造、小窍门”活动，推进数字化、智能化、自动化“三化合一”等创新活动，出台创新奖励制度、专利奖励制度等，最高奖金达100万元，提高了广大员工的创新积极性，激发了组织创新活力。

三、团队文化凝聚强归属企业精神

杰克公司注重建设企业文化宣传阵地，建立多渠道文化传播体系。在公司层面，打造“杰克文化”公众号、《杰克报》、《杰克人》、《质量与创新》、杰克官网、宣传橱窗等平台，及时传播企业信息，架起企业内外交流桥梁；在部门层面，每天借助班前会、沟通会等途径传播企业文化，分享工作心得，鼓舞团队士气。另外，采用车间看板、标语、条幅等宣传形式增强团队凝聚力和战斗力。

○ 杰克公司升旗仪式

杰克公司常态化开展文化活动，比如建立篮球社、摄影社等社团，开展部门团建、义工活动、公益募捐、文艺晚会、运动会、游园会等众多活动，促进员工交流，增强员工责任心、凝聚力和归属感。开展“感动人物”“工匠人物”“专利先锋”“孝亲典范”等评选活动，树立典型，激发员工奋勇争先的激情和斗志。

四、危机文化增强企业抗风险能力

杰克公司在员工中开展危机文化教育，居安思危，以“文”醒人，培育全体员工的危机意识，增强企业抗风险能力。

以“文”醒人的基础是培育员工的危机意识。杰克公司不定时组织员工学习研究国家有关政策，分析国内外市场形势和公司经营状况，增强对行业发展趋势的预判力，并以座谈会、内部刊物、培训等多种方式，引导员工树立终身学习理念，增强其“优胜劣汰、适者生存”的危机意识，不断提高员工应对各种危机的能力。

以“文”醒人的有效载体是大型危机文化活动。杰克公司分别在井冈山、遵义、会宁等地组织干部员工开展为期五年的“6·5”新长征活动，增强了员工的危机意识和忧患意识，深化了杰克人对“和诚拼崛”企业精神的理解和认同。

成效和启示

一、学习文化造就高质量团队

杰克公司坚持以“文”化人，通过组织高管团队每月至少开展一次跨界学习、标杆学习活动，中层、基层管理干部每季度进行一次跨界学习、标杆学习，强化学习型组织建设，培育了企业学习力，打造了高质量团队，在公司上下形成了浓厚的学习氛围。

通过文化影响，杰克公司干部员工信念一致，抵御住多元诱惑，聚焦缝制机械的制造与研发，聚焦客户与产品，实现质量与技术的发展，助推服装企业转型升级。与此同时，杰克公司专注工匠精神的厚植及工匠型人才的培养，为企业的高质量发展奠定基石，不断增强企业可持续发展能力，实现自身的转型升级，努力成为行业领先的成套智联解决方案服务商。

二、创新文化提升企业效益

杰克公司以“文”育人，不断提高员工创新意识和创新能力，推动制造链数字化、信息化和供应链数字化水平全面提升，使产品质量、生产效率得到了快速提高。据统计，近年来，共收到员工“小改小革”以及合理化建议达到5万多条，为企业创造效益超1亿元。自实施精益生产、“未来工厂”建设以来，生产线人员直接减少500多人，日产量翻了一倍多，产品质量提高了10%以上。公司获得浙江省“未来工厂”、浙江省级“绿色工厂”等荣誉，拥有专利2600多项。

三、团队文化提升企业竞争力

杰克公司以“文”聚人，通过有效开展各项活动，增强了团队凝聚力和战斗力，提升了企业综合竞争力。在杰克文化潜移默化的良好影响下，杰克高管团队稳定团结、和谐相处，平均工龄在20年以上。公司跨部门团队协作成效斐然，通过轮岗轮值机制、跨部门团建活动等，持续提升队伍的凝聚力与战斗力。

杰克公司认为市场的竞争不是一个企业的单打独斗，而是整个产业链综合实力的竞争，因此，杰克公司还将团队合作文化延伸至上下游产业链，通过技术、管理培训赋能供应商、经销商，形成全产业链的协同，从而打造出行业内具有极强竞争优势的产业链。

四、危机文化增强企业抗风险能力

杰克公司以“文”醒人，形成独树一帜的危机文化，提高了企业抗击能力，有效规避了经济危机及行业周期对公司发展带来的冲击，确保公司的平稳发展。2021年，杰克公司销售额突破60亿元，同比增长71.91%；净利润4.66亿元，同比增长48.67%，盈利能力及各项经济指标均处于行业领先水平。2022年，在全球经济下行和行业低周期情况下，杰克公司实现市场占有率逆势增长。在危机文化的教育下，公司决策机构EMT团队充分发挥了自身的表率作用，成为应对危机的先进典范，发挥了其示范辐射作用。在“领头羊”带动下，公司全体干部员工们以饱满的热情投身到工作中，开展节能减排、技术创新等活动，通过降本增效应对危机和困难。

（执笔人：王文龙　何小凤）

品牌塑造篇

案例

31

以青年宣讲为抓手，擦亮“硬核强港”名片

○ 浙江省海港投资运营集团有限公司、宁波舟山港集团有限公司

○ 浙江省青年讲师“青云计划”在宁波舟山港举办

背景介绍

浙江省海港投资运营集团有限公司、宁波舟山港集团有限公司（以下简称：舟山海港）是全省海洋港口资源开发建设投融资的主平台，也是国内首家集约化运营管理全省港口资产的省属国有企业，为全国区域港口一体化改革提供了“浙江经验”。宁波舟山港货物吞吐量连续14年位居全球第一，在《新华-波罗的海国际航运中心发展指数报告》中连续两年跻身十强。

舟山海港高度重视理论宣讲工作，以习近平总书记考察宁波舟山港的重要指示精神为资源优势，以抓好青年宣讲为重要抓手，深化党建带团建，于2020年11月组建新时代浙江海港“硬核青年”宣讲团，科学组建队伍、强化主题引领、创新宣讲形式、加强培训交流，培养了一支信念坚、业务精、覆盖广的青年宣讲员队伍。近3年来，宣讲团登海岛、进班组、到一线，宣讲党的理论、解读上级政策、讲好海港故事，累计开展宣讲500余场，覆盖集团职工2万多人，线上线下受众超20万人次，不断推动党的创新理论深入人心，扎实推进“强港文化”践行，积极培育浙江海港新风尚，引领全体干部职工努力服务“双循环”、建设“双一流”，不断擦亮“硬核强港”名片。

主要做法

一、建“班子”，分层次、广覆盖组建青年宣讲团

舟山海港高度重视宣讲工作，强化顶层设计，用共青团组织凝聚

青年，指导集团团委组建浙江海港“硬核”青年宣讲团。针对青年群体点多、面广、线长的特点，分层次打造以宣讲骨干、集团直属单位团组织负责人、基层单位团支部书记为主体的三支宣讲队伍。“硬核一团”由经验丰富的宣讲员组成，主攻集中巡回宣讲，承担重大宣讲任务；“硬核二团”由集团直属单位团组织负责人组成，面向基层单位青年开展宣讲，谋划开展本单位宣讲任务；“硬核三团”由基层团支部书记组成，深入基层一线定期以支部会议、班组会等形式开展宣讲，推动理论宣讲向纵深推进。同时联动“青马工程”学员、青年岗位能手、青年业务骨干等群体，不断丰富宣讲员队伍层次。

○ “海港青年说”青年沙龙

二、铺“路子”，面对面、点对点开展身边宣讲

舟山海港宣讲团牢牢把握政治方向，按照上级党委和集团党委工作部署，以习近平总书记考察宁波舟山港的重要指示精神为切入点，紧紧围绕习近平新时代中国特色社会主义思想、党的二十大精神、“八八战略”实施20周年、团十九大精神等主题开展“六学六进六争先”“‘八八战略’在身边”等宣讲，依托“与党委书记面对面”“团干部上讲台”“青年文明号开放周”等工作载体，用好红色港湾、青

年之家等党团活动阵地，第一时间将最鲜活的内容传播到基层一线。自2023年10月以来，团支部书记、青年和劳模骨干围绕习近平总书记考察浙江重要讲话精神，通过“微团课”、“微视频”、专题报道等形式开展多样化宣讲活动295人次。

三、想“法子”，互动式、分众化创新宣讲方式

针对新时代个别青年存在“说不服”“融不进”“带不动”倾向的问题，宣讲团在创新宣讲形式上下功夫，变一人讲为大家讲、变长篇大论为短小精悍、变灌输式为互动式，通过情景剧、知识竞答、短视频、直播等多种形式，采用集中讲、一线讲、联合讲、指尖讲的方式，多管齐下打好组合拳。根据不同群体特点打造分众化宣讲方式：对党员，侧重宣讲习近平总书记系列重要讲话精神以及党的百年奋斗历程、重大成就和历史经验，引导受众学习党的创新理论，感悟思想伟力；对机关部室成员，侧重宣讲形势任务政策、集团发展战略规划；对基层一线员工，侧重宣讲赓续“老码头”精神，努力争做新时代港口产业工人。分众化宣讲有效提高了理论宣讲的参与性、针对性和启发性，充分地把广大干部员工的智慧和力量凝聚到实现集团改革发展目标任务上来。

四、育“苗子”，搭舞台、强激励赋能青年成长

舟山海港宣讲团将青年宣讲工作与青年人才培育相结合，挖掘、培养一批批理解大局、融入大局，能够在集团改革发展任务中承担重要职责的青年。对优秀宣讲人才进行表彰奖励，在推优入党、荐才锻炼中予以倾斜，不断激发青年讲师团的成长内动力。通过开展交流互鉴、名师专题培训、推优参加上级宣讲比赛等多种形式，赋能青年个人成长。自主设计标识和口号，并通过授旗、定制宣讲团徽章等，强化宣讲团文化认同，进一步提升团队凝聚力。

五、创“牌子”，强协同、创精品打造品牌体系

舟山海港不断强化宣讲工作机制协同、工作协同、成果协同和阵

地协同，在集团新时代“硬核青年”宣讲团带动下，集团二级单位不断加强自身品牌创建和队伍建设，下属17家单位团组织立足本级党组织需要，衍生打造了一批宣讲员队伍和宣讲品牌，如“红码头青年说”“马力青年宣讲团”“‘芯’青年宣讲团”“北极星青年宣讲团”“财兜兜宣讲团”“温港青言宣讲团”等，不断扩大宣讲效果。宣讲团细化选题方向，邀请党校名师作为导师顾问，结合青年关注的热点话题量身定制，对党的创新理论进行青年化“编译解码”，打造多款优质宣讲产品，进一步发出海港青年声音，讲好浙江海港故事。

成效和启示

一、让宣讲形式“心”起来

政治理论学习要走“新”更要走“心”，要将党的创新理论融入互动式、沉浸式项目中，不断加强政治理论的亲和力，并通过“宣讲＋情景剧”“宣讲＋知识竞答”“宣讲＋直播”等多种形式，将党的理论知识通过通俗易懂的方式传递给广大青年员工，使宣讲不再是单一的上传下达，而是形成一套“上下相融”的机制。舟山海港宣讲团在有效创新宣讲形式的同时，多元融合彰显青春风采，让党的创新理论入耳入心更入行。

二、让宣讲故事“活”起来

紧紧围绕学习宣传贯彻党的创新理论，让理论宣讲更接地气、冒热气、聚人气，把博大精深的理论体系拆析为员工茶余饭后关注的一个个小话题，把高大上的话语从课堂中、书本上请到工作中、生活里。充分用好习近平总书记考察宁波舟山港留下的宝贵精神富矿，从宁波舟山港的建港、兴港、强港历程中挖掘，从广大干部职工身边的“小故事”中寻找，讲活改革开放背景下“强港”文化的大道理，激发员工内心深处“强共振”。在弘扬“爱岗敬业、顽强拼搏、追求卓越”企业精神的同时，激荡起“干在实处、走在前列、勇立潮头”的磅礴力量。

三、让人才队伍“强”起来

厚植人才“软实力”、构建宣讲“硬支撑”，在开展宣讲工作中注重加强日常学习培训，组织宣讲团日常及时学好党的创新理论和各类形势任务文件，邀请党校老师进行专题培训，提升宣讲员理论水平。广泛开展交流互鉴，推优参加上级宣讲比赛，推动以“赛”选人、以“讲”炼人。日常鼓励“青马学员”脱稿宣讲，要求团青干部脱稿述职分享，积极培育政治立场坚定、专业素养过硬、写作水平较高、表达能力较强的宣讲生力军。

（执笔人：钱景晟　蔡雨臻）

案例 32

蜻蜓秘笈，探寻企业文化之光

○ 浙江红蜻蜓鞋业股份有限公司

○ 浙江红蜻蜓鞋业股份有限公司温州总部园区

背景介绍

浙江红蜻蜓鞋业股份有限公司（以下简称：红蜻蜓）创始于1995年，作为一家多品牌、多品类的时尚鞋履品牌运营商，全公司员工超4000人，主品牌及子品牌销售终端3000多家，覆盖全国大中城市。公司拥有红蜻蜓（Red Dragonfly）、红蜻蜓KIDS、GONGJI街头潮流休闲鞋等品牌及高端私人定制业务，经营范围涉及皮鞋（靴）、户外休闲运动鞋履、皮具、儿童鞋服用品等，是中国鞋行业的领先企业。

在长期经营实践中，红蜻蜓以鞋文化为发端，与时俱进创新鞋科技，形成以“蜻蜓秘笈”为文化准则的红蜻蜓企业文化体系。红蜻蜓始终奋斗在路上，以“蜻蜓秘笈”为文化准则，实现“复眼全域，四翼共振”。左看众生，以“顾客第一、赋能员工、成就伙伴”为核心建立命运共同体；右观变化，以“拥抱变化，我是主角”的文化自信，不断归零跨越。一翼执行，敢做有为，探索创新；二翼责任，挺

○ “红蜻蜓·红五月”企业文化月全运会活动

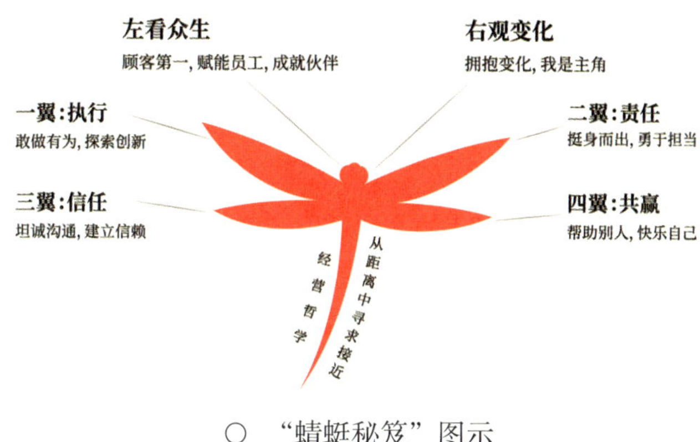

○ “蜻蜓秘笈”图示

身而出，勇于担当；三翼信任，坦诚沟通，建立信赖；四翼共赢，帮助别人，快乐自己。

主要做法

一、奏好品牌创建“协奏曲”，绽放“蜻蜓”执行之翼

打造企业文化品牌，将品牌发展与企业经营相结合，助力提升企业形象。一是注重品牌IP创新。在“敢做有为，探索创新”的价值观指引下，不断开拓弘扬鞋履文化的新路径。打造致力于传播中华鞋文化的民办博物馆，馆内收集1500多件鞋履藏品，推出系列IP图库，每年接待数万人次。成立鞋科技实验室，下设CNAS检测实验室、鞋类数字化工程中心、制鞋大师工作室。推出鞋履文化空间，以其丰富的产品、前沿的AI科技体验及鞋博IP文创展，成为温州五马历史文化街区里的新型业态。二是注重品牌体系建设。在“拥抱变化，我是

主角”的价值观指引下，成立“红蜻蜓”文化建设推进委员会，下设秘书处、行政后勤处、文体处、策划处和活动处等，专兼职人员超过100人。发布《企业文化手册》，创办《红蜻蜓报》等内刊，建立红蜻蜓品牌网站、生产车间广播站、钉钉云课堂等10余个立体文化传播平台，为红蜻蜓企业文化传播提供了良好载体。三是注重品牌传播活动。在“挺身而出，勇于担当”的价值观指引下，坚持开展“红蜻蜓·红五月企业文化月”系列活动，通过“重走长征路”、“探访老红军”、爱心募捐、国际博物馆日等多种载体，缅怀革命先烈，推动青年员工更加珍惜今天的幸福生活。

二、架起党群互动“连心桥”，承载“蜻蜓”责任之翼

思想政治工作是企业各项工作的生命线，是助推企业文化建设与企业高质量发展的第一动力。一是坚持党建引领企业发展。以“活力和谐企业”为目标，扎实推进非公有制企业党的先进性建设，充分发挥党组织的战斗堡垒作用和共产党员的先锋模范作用。积极开展“守好红色根脉·班前10分钟”，在晨会中植入红色教育元素，成为公司加强员工思想政治教育的一种“新风尚”，活动形式获评十佳优秀案例奖。二是加强廉洁文化建设。在廉政新风建设、活力和谐建设、长效机制建设等方面积极营造氛围，助推企业高质量发展。建立健全监事会、纪律检查委员会、审计部、监察室“四位一体”监管惩防体系，开通监管举报电话、设立举报箱。建立“清廉接待日”制度，由党委、工会主要领导接见来访员工，及时倾听员工呼声，将“蜻蜓秘笈”“复眼全域，四翼共振”的文化内涵持续转化为企业发展动能。

三、绘制共建共享“同心圆”，守护“蜻蜓”信任之翼

坚持打造员工成长的幸福乐园，为员工快乐工作、幸福生活提供支撑。一是强化思想淬炼。采用晨会、读书会、劳模精神分享会等丰富多彩的形式，积极引导员工学楷模、传匠心、练本领，助推员工思想政治工作守正创新发展。二是注重人文关怀。比如，春节期间组织

留在永嘉的员工吃年夜饭，增强员工的获得感、安全感和幸福感，以实际行动丰富企业文化内核，让员工向下扎根，向上生长。三是重视心理疏导，共谋健康发展。成立“阳光心理咨询工作室”，特聘国家专业心理咨询师，培养基层心理咨询员，建立企业与员工对话通道，共谋员工身心健康发展。

四、编密企业职工“幸福网”，飞扬“蜻蜓”共赢之翼

秉持“蜻蜓秘笈”中“利他共赢”的理念，与员工共同发展，一起迈向更美好的未来。一是丰富文娱活动，激发员工活力。在园区设立食堂、宿舍、健身房、职工书屋、员工活动中心等生活设施，先后成立羽毛球队、篮球队、足球队、乒乓球队、艺术队、书法社等员工社团组织，每年定期举办全运会、技能比武、员工子女夏令营等近60场员工活动。二是注重员工成长，加强技能培养。持续开展企业内部培训、企业大学培训、选送高校培训等拓展培训工作，至今已为员工培训投入资金近1亿元，累计培训员工超10万人次。定期组织“技协帮”技术服务队走进红蜻蜓公司车间，慰问残疾员工和困难员工。2003年在上海成立红蜻蜓培训学院，2019年联合“淘宝大学”共同成立“淘宝大学·红蜻蜓品牌学院”。创立企业文化奖专项基金，设置了生产优秀员工、蜻蜓天使、精益奖、矿步奖、变革创新团队以及变革先锋等数个具有红蜻蜓特色的企业文化奖项。

成效和启示

红蜻蜓企业文化是红蜻蜓人共同的名片。在“蜻蜓秘笈”中“复眼全域，四翼共振”的指引下，公司从企业文化到全员思想政治建

设，从创建鞋文化博物馆到搭建产业互联网平台，从技术革新到设计提升，不断优化发展，一直奋斗在路上。

一、统筹兼顾释放活力

高度重视党建引领作用，将党建工作与企业文化建设有机融合，统筹兼顾，科学系统地设置活动载体，搭建作用发挥平台。红蜻蜓坚持以文化为载体创新党建工作理念、内容和形式，2005年至今，通过开展员工喜闻乐见的系列活动，如举办员工座谈、开设总裁信箱等渠道，组织开展送温暖、送清凉、员工生日会等活动，不断探索提升员工归属感，形成浓厚的活力和谐氛围，实现了党建与企业文化建设的紧密结合，强化了企业内驱力。公司荣获全国工人先锋号、中国企业文化优秀奖、全国轻工业企业文化优秀成果、浙江省廉政文化建设示范单位、浙江省企业文化中心等荣誉。

二、多元文化重塑鞋企

公司以“全域”思维融合多元文化，以鞋文化为载体大力弘扬中华优秀传统文化。红蜻蜓在企业文化建设过程中连创多项“全国第一”：设立全国第一家鞋文化研究中心，组建第一支中华鞋履文化巡演小组，编写全国第一部《中国鞋履文化辞典》，发行全国首套鞋履文化邮票，投资建成国内首座由企业创办的“鞋文化博物馆”，编写国内首部鞋履文化丛书。鞋文化博物馆先后被评为浙江省社会科学普及示范基地、浙江省工业旅游示范基地等。

三、科技赋能创新发展

塑造优秀企业文化形象有利于激发员工创造力，提升企业竞争力，为长远发展奠定坚实基础。红蜻蜓成立至今，始终不忘初心，遵循“蜻蜓秘笈”，不断以科技创新赋能企业发展。2000年，红蜻蜓成立鞋科技实验室，设有检测实验室、鞋类数字化工程中心、省级高技能人才工作室、AI体验中心。建立由制鞋大师、制鞋高级工程师领衔的专业技术团队，配置先进的检测仪器设备和数字化设计软件系统。

红蜻蜓创设国内皮鞋行业首家CNAS实验室，被认定为全国制鞋标准化技术委员会首批SAC/TC305验证实验室，参与起草国家行业标准40余项，拥有专利180余个。

（执笔人：王隽华　柳　炯）

案例

33

万里“管道”惠民生

○ 浙江能源天然气集团有限公司

○ 浙江能源天然气集团有限公司基础设施

背景介绍

作为民生服务类和一线窗口型国企，浙江能源天然气集团有限公司（以下简称：浙能天然气集团）参股控股省级天然气管网、LNG接收站外输管道及地方城镇燃气管线累计超1万公里，具备在群众“家门口”高频展示的客观条件。公司深入学习习近平总书记关于能源工作的重要论述，着眼民生文化，体现惠民特色，探索培育出沿管道线性分布的、以天然气业务为主体、“业务”和“宣讲”相协同的“万里‘管道’惠民生”文化，包括“‘管’阵地说政策，传普遍真理之‘道’”“‘管’设施保平安，讲科学用能之‘道’”“‘管’需求拓市场，谈绿色双碳之‘道’”“‘管’项目抓发展，叙惠民共富之‘道’”“‘管’服务增友谊，释数改提质之‘道’”，形成了具有一定影响力的国企基层宣传思想文化模式。

○ “清风讲堂”廉政教育点

主要做法

一、“管”阵地说政策，传普遍真理之“道”

着力在“民乐我美”中宣传宣讲习近平新时代中国特色社会主义思想、全面从严治党重要论述和“四个革命、一个合作”能源安全新战略。以构建全媒体格局为重点，建成投运天然气文化展厅、“清风讲堂”廉政教育点及沿管道分布的“微阵地”，形成多样态的分众化宣传平台，上接党心、下连民心。组建了超200人的“气贯红色根脉”宣讲队伍、超1200人的“红黄蓝”志愿者宣讲队伍，打造推动当代中国马克思主义、21世纪马克思主义大众化的忠实传播阵地、国企示范点和基层辐射源。

二、“管”设施保平安，讲科学用能之“道”

着力在“民忧我解”中宣传宣讲习近平总书记关于安全生产的重要论述、管道保护法条、安全用气规范和浙能“能本”安全文化。每年开展两次“安全生产万里行”全员徒步巡线宣传，向长输管道沿线群众宣传《石油天然气管道保护法》，向城镇燃气管道沿线群众宣传《城镇燃气管理条例》。所属燃气公司以横幅、海报、电子屏、公众号、电视台报道等形式开展“安全生产咨询日”“五进”活动，普及燃气安全知识、加大用户端燃气安全保障力度，圆满完成冬夏迎峰时期安全供气和民生用气保障任务。

三、“管”需求拓市场，谈绿色双碳之“道”

着力在“民盼我为”中宣传宣讲《中共中央　国务院关于完整准确全面贯彻新发展理念做好碳达峰碳中和工作的意见》和省委、省政府的相关实施意见，宣传天然气在碳排放方面与其他化石能源品种的比较优势、使用天然气对“清洁能源示范省”“两美浙江”建设和打赢“蓝天保卫战”的重要意义。向主管部门宣传呼吁、争取政策，增加气电发电利用小时数；向工业用户宣传推介，推广园区分布式项目，鼓励大型石化、建材、纺织等行业“煤改气”；向“老旧小区、农村新社区、小餐饮店”入户宣传，有序推进散煤清洁替代和LPG“瓶改管”，助力“百姓富、生态美”有机统一。10年来累计为全省供气超950亿方米。

四、“管”项目抓发展，叙惠民共富之“道”

着力在“民需我行”中宣传宣讲习近平总书记关于实现共同富裕的重要论述和省委十四届九次全会精神，宣传“燃气下乡”公共服务均等化和优质共享、天然气助力山区民生改善和乡村共富的政策举措。聚焦国企责任和惠民助富主题，在建设840公里“县县通”管道工程期间，向工程沿线村民讲好能源转型助推区域发展故事，赢得群众理解和支持。在山区26个县拓展终端市场期间，充分展示浙能燃气保供实力和优质服务，持续获得特许经营权。

五、“管”服务增友谊，释数改提质之“道”

着力在“民呼我应”中宣传宣讲习近平总书记关于数字化改革的重要论述和省委数字化改革部署，紧扣“产业数字化”宣传宣讲全省国企版“最多跑一次改革”提质扩面标杆、省属企业“一件事改革”最佳案例和数字化改革全省典型经验。围绕浙能天然气“智慧管网、一网智防”应用、浙能燃气领先行业的“521”客户服务标准和“客户服务多平台融合”应用、“客户全生命周期管理”应用、“诚燃惠微商城产品＋服务”应用，向社会同步开展投产使用和意义阐释，提升民众知晓率和用户满意率，持续改进企业优质服务能力和治理现代化水平。

成效和启示

一、把务虚成果融入务实举措，是激活文化新动力的重要法宝

要充分结合企业布局和业务特点，从物质形态中挖掘精神财富，探索具有本单位辨识度的“虚”“实”交融路径，激活文化新动力，为企业造“魂”。围绕中心找准精神宣讲和业务开拓的结合点，着力提升用户的归属感和品牌认同感，助推企业在本领域承担好责任、发挥好功能、发展好企业。截至2024年1月，浙能天然气集团连续6年为浙江省年供应天然气超100亿立方米，获评2023年浙江省五一劳动奖状，所属企业连续两年获评全国青年安全生产示范岗。

二、以党建名片激活流量密码，是孵化文化新地标的不竭源泉

要充分利用企业自有场地设施，通过党建统领、文化润企、品牌带动，打造有辨识度品牌IP，孵化企业文化建设成果展示的热门打卡点。要以适应受众的语言和表现方式，展示党的创新理论和本行业主题，通过扮靓文化布景陈列，把“好文化”做成“好产品”，推动寓教于乐、潜移默化。要创新党建“名片＋”精品故事，让政策理论和本单位品牌故事“活”起来、“潮”起来，让“声”入人心。浙能天然气集团获评2022年全省清廉建设成绩突出单位，于2019年、2022年获中能传媒优秀影视作品展评二、三等奖，于2018年、2019年获评全国“安康杯”竞赛安全文化宣传先进单位。

三、借平台“数智”推动阵地“提质”，是赋能文化新传播的关键一招

要充分发挥数字化改革牵引撬动作用，既注重用户体验、界面友好，又推动流程再造、功能完善。要发挥多媒体特效、智能算法等技术优势，打造更多故事讲述好、流量聚合快、价值吸引强的企业文化作品。要以数字化手段创新内容制作场景和文化表现形式，在企业业

务推广平台植入企业价值观。要丰富数字化传播渠道，升级企业信息分发能力，实现宣传的精准推送与投放。浙能天然气集团所属企业获2022年浙江省数字化改革最佳应用奖，项目案例被评为2021年浙江国资国企一件事改革最佳实践案例。

（执笔人：王素素　张　政）

案例

34

“甬”结同心，风雨同舟
“合”向未来

○ 舟山甬舟集装箱码头有限公司

○ 舟山甬舟集装箱码头有限公司全貌

背景介绍

舟山甬舟集装箱码头有限公司（以下简称：甬舟公司）成立于2004年2月17日，并于2010年7月25日正式投入生产，负责宁波舟山港金塘大浦口码头经营管理，坚决贯彻落实浙江省委、省政府关于加快宁波舟山港港口资源整合、推进宁波舟山港港口一体化战略决策的起步和示范项目，已建设完成全域2个10万吨级和3个7万吨级集装箱泊位，码头岸线长1774米，水深18米，陆域总面积238公顷。甬舟公司深入贯彻习近平总书记考察宁波舟山港时的重要讲话精神，牢记“硬核”嘱托，边生产、边建设、边智慧化创新。2023年，公司完成集装箱吞吐量超230万标准箱，同比增长15.04%。

自2016年开始，甬舟公司逐步推进文化建设前期工作，为系统形成有特色、有灵魂的企业文化奠定坚实基础。在浙江省海港集团、

○ 甬舟公司举行文化品牌发布会暨“企业文化建设年”启动仪式

宁波舟山港集团“强港文化”的引领下，公司于2017年提出了“聚力甬舟”文化建设，并在实践中不断探索，于2022年提炼凝聚架构了一个有归属感、责任感、使命感且底蕴深厚的“合”文化品牌体系，切实发挥企业文化凝心、聚力、育人、传承作用，为公司改革稳定发展提供了坚强思想保证和强大精神力量。2023年，公司获评舟山市企业文化建设品质单位、舟山市企业文化中心。

主要做法

一、立足实际、全面梳理，助推“合”文化落地生根

找到点，深挖资源禀赋。回顾企业发展历程和优良传统，围绕地域特色等择取文化元素，根据港口行业属性、业务特点形成文化特色标签，通过职工访谈、集体讨论，了解职工对工作及公司的期许和向往，提炼“合”文化主题关键词——“融合、凝聚、团结”。合众聚力，寓意甬舟公司是宁波舟山港两港一体化的资源整合，是港口迭代升级的智慧聚合。在传承与创新中，甬舟公司合心合道合力，助推世界一流强港建设。

串成线，连缀多元子集。以“合”文化为主线和灵魂，重点突出、特色鲜明，形成文化体系、建设文化阵地、注重文化融合，提炼出包含企业使命、企业愿景、企业核心理念、企业精神、企业形象传播语、企业文化Logo等在内的一套完整的核心文化理念、视觉识别系统，并衍生“7H”子文化，即聚力红“心”引领、聚力高端转型、聚力绿色低碳、聚力智慧集合、聚力风险防控、聚力客户服务、聚力人本关怀。

拓展面，形成全域延伸。审视文化定位，制定文化建设实施方

案，找到企业文化建设的目标和方向。对内，以员工为根本，不断拓宽发展空间，共同建设美好甬舟家园；对外，以客户为中心，以专业化、个性化的港口服务，解决客户实际需求。根据甬舟公司传统码头向智慧化码头转型升级的特点，智慧集“合”，逐渐勾勒出“自动化轨道吊＋无人集卡（混行）＋远控桥吊”自动化作业样板雏形，设立大浦口集装箱码头自动驾驶试验区，奋力打造全球首个开放式混行全自动化集装箱码头，全力促进“理念的花”结出“行为的果”。

二、打造平台、深耕阵地，滋养“合”文化孕育萌芽

“线上”阵地营造浓厚氛围。对“聚力甬舟”微信公众号、视频号、公司网站进行重新设计升级，完善文化展示平台建设。围绕习近平总书记考察宁波舟山港时的重要讲话精神，牢记“硬核”嘱托，践行“强港”使命，对生产建设经营中的好做法、好经验、好成效及员工身边的好人好事、典型事迹进行多层次、多角度的宣传报道，生动展示干部职工奋力推进“强港梦”的精神风貌和实际成效，用润物无声的方式使企业文化逐步入脑入心。

“线下”阵地加强形象建设。统一文化标识，通过文化阵地建设、文化深入基层、文化手册发放、文化周边定制等方式，实现文化形象在公司内部认知程度达到100%。文化凝聚人心，以表彰入职十年员工为契机，拍摄制作纪念视频、纪念册、纪念章等，营造浓厚的文化视觉氛围。增强柔性管理，不断探寻融洽劳资关系、稳定职工队伍的渠道，增强团队战斗力和凝聚力。近两年，公司职工人数稳定增长，较2021年同比增长43%。

三、党员带头、悉心灌溉，培育“合”文化开花结果

做好企业文化“宣讲员”。创新“网格化”管理模式，充分利用“三会一课”“党史晨读”“匠心工坊”“甬舟沙龙”等载体，组织党员干部深入基层，紧扣公司生产经营和智慧化发展愿景，大力推进“班前10分钟”活动，全年累计开展“班前10分钟”活动近80场，班组

参与近2700人次，为广大职工做好“合”文化内涵诠释。同时引导职工将个人成长与企业发展紧密结合，认真规划职业生涯，以高度的责任心和事业心，做好本职工作，为公司添砖加瓦。

争当企业文化“践行者”。紧盯公司年度各项任务目标，党员干部深入调研，立足自身岗位，围绕“生产经营、工程建设、智慧化探索、降本增效”等重点难点，确定领办、攻关、创新、实事项目103项，以技术比武和劳动竞赛为抓手，在实践中破题攻关，不断提升揽货能力、保障能力、生产能力、服务能力，展现甬舟奋斗者姿态。

四、以文化人、以德润心，促进“合”文化欣欣向荣

制度规范全覆盖。结合时代发展特色和企业经营目标，以集团“强港文化”为引导，完善企业文化建设的相关管理制度和行为规范，让制度和规范成为文化的载体，推动职工完成从“要我遵守”到“我要遵守”的升华，实现从“要我做”到“我要做”的跨越。

典型形象全塑造。将文化指标纳入先进典型的评价标准，以企业文化建设培育劳模工匠、杰出青年等先进典型。公司“38号集卡车队”获评全国五一巾帼标兵岗、全国三八红旗集体，多名职工获浙江省青年工匠、舟山市劳动模范等荣誉。结合主题教育、党史学习教育活动，以鲜活的事迹让员工“学有榜样”，将先锋模范的感染力转化为员工向上、向善的动力。

成效和启示

一、与时俱进，文化品牌才“立得住”

企业文化建设是一项长期性系统性工程，不能急于求成。从“强

港文化”到“合”文化，公司聚焦品牌打造，从前期规划设计到评估成型，从宣传布置到推广落实，都遵循持续推动和长期坚持原则，杜绝“一次整改就完成建设”的想法，跳出局限思维。同时，把握好企业文化的长期适用性，在必要的情况下进行调整改进。

二、围绕中心，文化形象就“站得稳”

将文化建设融入中心工作，同台部署、同步推进、同频共振。甬舟公司致力于打造开放式混行全自动化集装箱码头，有效结合公司经营管理和发展特点，打造基于企业文化的核心竞争力，不断深入推进服务型、智慧型、绿色型码头建设，践行“港口更智能、员工更幸福”的企业使命。

三、传承创新，文化发展便“行得正”

既要发扬“强港文化”“老码头”精神等经过实践检验的优秀文化成果，也要注重自身发展实践沉淀积累的智慧结晶。2023年，甬舟公司发布“合”文化品牌，着重从坚守建港、与港成长、共建智港等方面延伸宣讲，获得职工共鸣，展现公司在不同发展时期面对的不同困难、任务，不断从中发掘资源，持续丰富拓展内涵。

四、以人为本，文化影响方“走得远”

把握好主导和主体的关系，公司领导者、中层干部应在文化建设中起到表率和管理作用，但文化建设更要注重“以人为本”，鼓励和动员广大员工参与。随着工作年限的增长，许多员工开始有意识地思考企业核心理念和精神，存在着参与文化建设的需求。甬舟公司在摸索文化建设时，结合企业微信公众号命名、文化Logo征集等向广大员工征求意见建议，让文化建设成果惠及每一位员工。

（执笔人：任　洁）

“富电八景”赋能现代版“富春山居图”

○ 国网浙江省电力有限公司杭州市富阳区供电公司

○ 国网浙江省电力有限公司杭州市富阳区供电公司服务亚运的迎东供电所

背景介绍

国网浙江省电力有限公司杭州市富阳区供电公司（以下简称：富阳电力）服务用户数约43万户，供电面积1821平方公里。富阳电力先后荣获全国文明单位、全国工人先锋号、全国电力行业企业文化品牌影响力企业、全国电力行业质量奖、全国模范员工之家、全国电力行业满意服务单位、浙江省五一劳动奖状、国网浙江电力红旗党委等荣誉，社会评价始终保持地方参评单位前列。

近年来，富阳电力牢记初心使命、坚守文化自信，自觉扛起文化使命，落实企业文化建设各项部署，将文化作为凝聚力量的精神纽带、推动发展的重要支撑，通过“筑景、寓景、盛景”，打造“富电八景”文化品牌，全方位、立体式推进企业文化品牌建设，持续提升文化引领力、塑造力和推动力，将思想文化价值持续转化为发展优

○ 党的二十大代表徐川子（左三）带领青年员工在“富电八景”企业文化展厅进行理论学习

势，为公司高质量发展提供坚强保障。

主要做法

一、筑景，构建“富电八景”文化引领体系

创新实施“一心两化”企业文化本土实践模式，坚持以党管文化为核心，用显性化手段将抽象的文化理念变成员工头脑中具象的实景，根据地域化特征寻找公司电力文化与本土文化的结合点，让企业文化接地气、聚人气、提士气。

“显性化”总结提炼专业特征。遵循思想文化引领中心工作原则，总结提炼推动公司八大专业工作的指导思想、发展路径和实践法则，分别是“党建为本、服务求实、发展溯源、干事力清、悟道于德、踏歌而行、品牌声传、育才树人”，明确对应的八个核心关键字——“本、实、源、清、德、行、传、人”，并连字成句，彰显“本实源清，德行传人”的做事原则和为人准则，把企业文化转变为公司争创一流业绩的实际行动。

“地域化”分类融入地方景致。“天下佳山水，古今推富春”，通过对百年富电历史和富阳地方志的追溯，充分挖掘《富春山居图》实景地富阳的山水文化，撷取“富春八景”（鹳山揽胜、恩波夜雨、桃源探春、庙坞竹径、十里银杏、江洲鹭影、天钟听泉、上官笋海）的景色特点精神内核与公司总结提炼出的八个专业特征一一对应（如“鹳山揽胜”对应“党建为本”，站在鹳山顶可以登高望远、总揽全局，对应公司工作中党建引领赋能公司高质量发展），形成互通共融的“富电八景”。将企业文化理念转化为员工易记、易懂的语言，从

而更好地凝聚员工、引导员工、振奋员工。

二、寓景，打造“富电八景”文化传播阵地

深化“文化铸魂、文化赋能、文化融入”专项行动，打造“富电八景”文化传播阵地，绘好“思想凝心、价值创造、融合发展”三大图景，发挥企业文化凝心聚力、成风化俗作用。

实施“文化铸魂”行动，绘好“思想凝心”图景。高举党建旗帜，弘扬党内政治文化，践行社会主义核心价值观，打造“思想宣贯、廉洁教育、道德讲学”实地图景，用多媒体形式第一时间宣贯新思想新理念，组建“红船·光明讲师团”，开展员工讲历史、青年谈理想等多形式文化活动，积极鼓励员工通过微讲堂、微电影、微手册的方式，自发组织开展学习，推动企业文化内化于心。

围绕“党建为本、干事力清、悟道于德”打造“思想凝心”图景。“党建为本”对应“鹳山揽胜”，鹳山具备深厚的红色历史文化资源，站在鹳山顶可以总揽全城，公司充分发挥党建纵览全局、引领高质量发展的核心作用；“干事力清”对应“庙坞竹径”，庙山坞周围茂林修竹，寓意清正高尚，公司将党风廉洁工作与竹文化结合，大力营造廉洁文化氛围；“悟道于德”对应“十里银杏”，杨家村古村有千余棵百年树龄银杏，呼应千年前孔子开设“杏坛”讲学的盛景。公司将传道授业的精神传承下来，搭建“三乘五”道德讲堂体系，让“身边人讲身边事，身边事教身边人”。

实施“文化赋能”行动，绘好“价值创造”图景。紧紧依靠一线员工群众，挖掘企业文化价值创造能力，聚焦“激扬青春正能量，员工创造新价值”主基调，打造“乡村公益图书馆”“青年之家”实地图景，进一步增强文化软实力，激发员工赋能活力。

围绕“踏歌而行、育才树人、品牌声传”绘好“价值创造”图景。“踏歌而行”对应“江洲鹭影”，在新桐乡江洲之间能看到白鹭的身影，体现当地幸福宜居的生态和奋发有为的姿态，公司深化幸福工

会建设，搭建青年员工成长平台，凝聚高质量发展合力；“育才树人”对应“上官笋海”，上官乡青山竹子春雷过后拔节生长，公司则坚持“十年树木百年树人”的理念，在人才培养上久久为功；“品牌声传”对应“天钟听泉”，天钟山因“蛙声十里出山泉”而被人熟知，公司则在新闻宣传上始终坚持载体丰富、传播有力。

实施“文化融入”行动，绘好“融合发展”图景。聚焦电网建设、安全生产、营销服务等中心工作，推动企业文化融入专业管理、融入基层工作，打造“柔性低频示范工程、最美服务窗口”实地图景，形成迎东供电所“三迎三上”、青云供电所“青云志”、新登供电所“心灯”、江南供电所“忆江南”、场口供电所“吴风”五大站所文化网，激发企业文化辐射导向，在业务创新、促进管理、推动发展上发挥提质增效作用。

围绕“服务求实、发展溯源”绘好“融合发展”图景。“服务求实”对应“恩波夜雨”，恩波桥是一座古老的石拱桥，夜雨滴落在桥面动听悦耳，公司多措并举提升服务质效，让电力服务如夜雨“润物细无声”；“发展溯源”对应“桃源探春”，富阳桃源乡景色各异，像是武陵人顺着溪流的源头找到的桃花源，公司始终围绕发展之源“安全”和发展之本“管理”，稳步推进各项工作。

三、盛景，形成“富电八景”文化赋能模式

深化“以文化人、成风化俗”，推进文化建设和公司发展同频共振、双向推动，以“三大范例”打造“富电八景”文化赋能模式，发挥企业文化先进引领、培育典型作用。

打造“以文育人”人才队伍选育范例。坚持“梯队培育、个性量裁”，建成“7+1”实训基地，构建立体培训模式，纵向设置营销等“任务主导型网格”，深化大竞赛、大比武；横向设置“班组配套型网格”，细化微竞赛、微比武，积极培育人才标杆。组织党的二十大代表徐川子等先进员工在多次地市级以上重要活动上讲述奋斗故事，让

典型示范效应不断增强，形成“师带徒”代代传承的辐射效应。

打造“以文化人”红船服务先锋范例。坚持“红船精神、电力传承”，围绕“五大服务”（政治服务、抢修服务、营销服务、志愿服务、增值服务），连续18年致力于“雷锋角”温暖行动，服务群众超过2.1万人次。开展“联乡结对”活动，选派机关干部驻点农村，连续10余年结对常绿镇5个村，实现村村有路灯。首创“共享法庭”“共享航班”活动，有效赋能基层治理，推动“乡村振兴、电力先行”。

打造“以文培元”群团凝聚和谐范例。坚持“幸福企业、和谐家园”，深化建设员工成长、安康竞赛、民主沟通、劳模工匠、文化家园和幸福中心六大平台。建成员工诉求服务站、员工之家、员工代表“微巡视”等平台，营造“家文化”氛围。精心打造员工文体中心、心理体检中心和员工健康中心，强化文体协会、第二工作室等组织运行，组织开展特色活动，不断提升员工幸福感、归属感。

成效和启示

富阳电力始终坚持把思想文化工作摆在突出位置来抓，将富春文脉与企业文化相结合，通过“富电八景”充分发挥优秀企业文化铸魂赋能作用，打通宣教“最后一公里”，将干部员工“拧成一股绳”，激励全员在共同富裕等重大战略落实中当先锋、作示范，涌现出党的二十大代表徐川子、国网公司特等劳模倪萍等一批先进典型，汇聚合力，为高质量描绘现代版“富春山居图”提供坚强的电力支撑。

一、唱好“主旋律”，贴近群众，弘扬正气

在文化品牌打造过程中，要上接“天线”，突出思想引领，用党的创新理论凝心铸魂，全面激发员工爱党爱国爱企热情，让全体员工思想更加统一、步伐更加一致。要下接“地线”，走群众路线，贴近员工日常工作生活，体现员工的主体性，使员工群众在春风化雨、润物无声中接受文化洗礼，更好地将“眼前所见”转变为“心中所记”。

二、打好“本土牌”，多元展示，凝聚人气

在文化品牌打造过程中，要统筹谋划传播阵地建设。一方面，充分结合地域文化特色，借助员工对成长生活环境的亲切感，将企业文化与本土文化深度融合，将专业特色融入地方景致，增强员工对文化阵地的认同感、获得感。另一方面，紧跟时代，加强技术创新，拓宽“立体传播、沉浸体验”等展示形式，增强文化阵地的新鲜感，让阵地“活”起来。

三、激发“正能量”，以文化人，鼓舞士气

在文化品牌打造过程中，要注重实用性，将思想文化建设融入企业生产经营的各层级、全流程，形成文化品牌建设与经营管理协同发展的良性循环。要传播正能量，将文化品牌融入员工行为，让越来越多的干部员工增强信心，进一步调动全员干事创业的积极性、主动性、创造性。

（执笔人：高　隽　徐　立）

创新宣讲模式，奏响“巨能强音”

○ 中国巨石股份有限公司

○ 中国巨石股份有限公司外景

背景介绍

中国巨石股份有限公司（以下简称：巨石）是世界玻璃纤维行业的领军企业，以玻璃纤维及制品的生产与销售为主营业务。巨石成立于1993年，经过30多年的发展，在规模、技术、成本、市场、质量、效益等方面处于全球领先地位。公司总部位于浙江桐乡，现有14000多名员工，拥有浙江桐乡、江西九江、四川成都、江苏淮安、埃及苏伊士、美国南卡罗来纳州六大生产基地，并在10多个国家和地区成立海外控股子公司，产销网络辐射全球。

巨石文化以“敢于挑战、善于拼搏、勤于创新、乐于奉献”的精神为核心，不断丰富淬炼提升，形成了以“品行、创新、责任、学习、激情”为核心理念的文化体系，打造了“巨能强音”讲师团巡回宣讲新模式，对党的创新理论、巨石30年文化进行宣讲，驱动巨石人朝着伟大愿景目标不断奋进。

主要做法

一、凝练发展成果，策划“强音”主题

根据公司发展战略，巨石围绕生产运营、市场营销、供应保障、科技创新、绿色低碳、数字赋能、质量发展、财务增值、人才提升、精神引领十大文化主题，充分挖掘公司成立30周年的成功经验和精彩故事。

聚焦企业文化核心价值观，巨石根据各职能单位不同的业务特

点，设置不同的文化主题，提炼发展故事。根据不同的地域地点，分为巨能强音巡回宣讲埃及站、美国站、九江站、成都站、公司总部站等；根据不同的业务范围，分为销售专场、采购专场、生产专场、行政专场等，内容丰富多彩，涵盖生产经营的方方面面。宣讲内容围绕国家改革开放、科技创新、智能制造、“一带一路”、零碳智造和共同富裕等热点，通过“小切口”讲述“大道理”，将宣讲内容纳入国家发展的大局，以生动有趣的故事为载体，弘扬主旋律、传播正能量。

○ “巨能强音”讲师团巡回宣讲（淮安站）

二、分层分批分享，传播“强音”故事

搭建分享舞台，选择不同群体开讲。公司根据工作实际、业绩表现、演讲能力等维度，通过优选分享嘉宾、提前采访沟通、共同提炼故事等，让参与巨石创业的高管、中层干部、党的二十大代表、青年团员分别走上舞台。

面向不同的受众群体，巨石根据每场活动的主题，安排各条战线上的人员作为听众，为他们量身定制宣讲内容，突出“差异化、分众化、互动化”特点，让受众产生共鸣，真正让文化理念深入人心。面向海外员工宣讲，以“巨能强音”讲师团埃及场为例，活动以“圆梦埃及　互利共赢”为主题，全程用英语宣讲，为中国和埃及的同事奉上了一场跨越6800多公里的文化宣讲。宣讲团成员分别讲述自己在业务国际化过程中获得成长的精彩故事，并通过互联网将巨石故事传播到海外，让更多的埃及员工倾听来自中国的励志声音。巨石埃及公司副总经理瑟利曼走上宣讲的舞台，讲述他从一名普通的大学生成长为巨石埃及公司高管的故事，充分展现“一带一路”倡议实施以来巨石埃及公司本土化管理的成果。面向车间一线，巨石每年开展优质党课评选，常态化开展“车间一刻钟”等活动，将党的创新理论与生产经营实践相结合。面向青年群体，巨石举办了“青春思享嘉”活动，讲述青年人的成长故事。

三、丰富活动形式，激荡“强音”力量

活动采用线上和线下相结合的形式，线下通过“宣讲＋访谈”的形式，深入宣讲党的理论、企业精神。线上制作视频，通过网络传播让宣讲更加接地气、冒热气、聚人气。活动前期，巨石根据每期不同的活动主题，设计活动海报，提前做好活动预热；活动过程中，巨石以高标准对活动进行全程视频录制，并制作成文化教材；活动结束后，通过网络直播、微信公众号、视频号、公司内部电视直播平台等让员工学习打卡观看，并将视频教材纳入巨石新大学生文化培训。除宣讲故事外，巨石还以小品、情景剧的形式进行文化宣讲。曾挂职安徽省石台县矶滩乡洪墩村党支部第一书记的唐益锋，走进社区、走到车间宣讲党的理论、企业文化、群众共同富裕故事，并将自己的扶贫经历编成文艺小品《卖货郎》，以更加生动活泼的形式宣讲乡村振兴战略中的党员担当。由巨石员工自编自导的情景剧《永不放弃》登上了“一带一路”国际合作高峰论坛民心相通专题论坛的舞台，向全世界讲述巨石如何践行“一带一路”倡议、实施跨文化融合的动人故事，激发干部员工对企业文化的自信和共鸣。

成效和启示

“巨能强音”讲师团巡回宣讲活动的宣讲对象从高管到基层一线员工，从退休干部、供应商、客户到员工家属，实现了企业文化全员覆盖。活动中，所有公司高管以身作则、率先垂范，为观众分享了各自的创业故事、学习感悟。70多位讲师参与现场活动和视频录制，现场参加3000多人次，线上学习8万人次，累计形成学习文章500多篇，宣讲视频时长达10小时，相关案例被汇编成文化故事集《五彩石》。

一、内容建设要服务中心，提振凝聚力

在宣讲内容上要聚焦发展主题，踩准国家社会热点，围绕中心工作，贴近生产经营、贴近职工群众，挖掘企业家精神、创新精神、工匠精神、劳模精神等，实现以文化人、以文育人。要立足职能实际，从“单纯讲”到“结合讲”。从日常的工作生活中，从员工的一言一行中挖掘真实的故事，以员工身边人、身边事为榜样，把握主旋律、弘扬正能量，增强文化宣讲的影响力、吸引力和生命力。

二、传播手段要注重创新，增强影响力

文化宣讲要以将文化理念“讲全、讲透、讲实”为原则，突出“差异化、分众化、互动化”特点，创新宣讲模式，打通文化宣贯的“最后一公里”，让巨石企业的文化理念深入人心。要创新宣讲形式，搭建学习平台，构建基层理论宣讲新格局，打造新模式，持续建设、拓展企业文化宣传阵地，要采用故事、情景剧、微电影等员工群众特别是当前青年员工喜爱的宣传形式，让文化理念看得见、听得到、感受得到。要坚持深入基层，从“课堂讲”到“现场讲”，要让党的理论、文化理念宣讲进车间、进班组、进社区，打造职工“身边课堂”，通过“理论+文艺+互动”寓教于乐的方式，使基层文化宣讲更聚人气、更接地气。

三、宣讲队伍要加强培养，提升学习力

通过“巨能强音”讲师团巡回宣讲的舞台，持续培养好能讲故事、善讲故事的企业文化宣讲员队伍，加强宣传能力水平提升，不断提升讲师团成员总结提炼、学习提升、口才表达和舞台表现的能力和水平，进一步增强员工的文化自信，为培养高素质产业工人队伍提供了文化支撑。要壮大宣讲队伍，从“个别讲”到“大家讲”，形成全公司文化宣讲大格局。巨石文化宣讲的舞台走出了优秀员工赵小梅，她荣获中共中央宣传部颁发的“2023年基层理论宣讲先进个人”称号，这一成果进一步擦亮了“巨能强音”讲师团的名片，提升了巨石企业文化的传播力和影响力。

（执笔人：魏　平　王伟栋）

案例

37

打造"五星"企业文化，铸就明星朗月未来

○ 星月集团有限公司

○ 星月集团有限公司高新园区

背景介绍

星月集团有限公司（以下简称：星月集团）始创于1989年，总部位于浙江省中部、享有“世界五金之都”美称的永康市。集团下属10多家控（参）股子公司，涉足动力、门业、工具、地毯、家电、房地产、农业装备、生物医药、再生医学等领域，资产总额超80亿元。

在集团党委的带领下，星月集团围绕“精品·品牌”发展战略，在内容创建、场所打造、阵地建设三大方面发力，全力打造符合公司实际、具有公司特色的企业文化。集团曾被评为全国思想政治工作先进单位、浙江省非公企业党建示范点、全国模范职工之家、首批省级企业文化中心，多次获金华市、永康市先进党组织等荣誉。

○ “星之驿”文化活动区

主要做法

一、强化思想，“星河”计划筑牢信念根基

星月集团建有完善的党委、工会、团委、妇联群团组织，坚持党性教育常态化，以“七一”“国庆”“清明”等节日为契机，组织开展集中学习党章党规、党史学习研讨会、红色基地研学、主题征文活动、知识竞赛、国庆快闪等活动，帮助每一位员工接受“初心”教育。公司鼓励员工积极参加金华市、永康市组织的各类党建和管理征文比赛，多名员工荣获优秀论文奖。

二、外引内育，“星火”行动强化人才支撑

星月集团开展“星月计划”，引进哈佛博士团队，“让技术占大股”，成功进军生物医药、再生医学领域，并快速占领行业高地。公司重视模范标杆的引领作用，通过充分发挥标杆模范的带头作用锻造人才队伍，在车间设立“党员先锋岗”“红领青工示范岗”“巾帼示范岗”“团员先锋岗”，结对帮扶出成效。党员带领的项目攻关组为公司节约成本近千万元。实行“火苗”成长计划，创新红色“三培养”，建立党员“一带五”“师带徒”技能培养机制，车间技术骨干参与上百项技术攻关项目，39项已获得专利。目前通过参加“牟加义劳模工作室”培训的、“徒弟”变成“师傅”的有11人。

三、勇于担当，“星晖”行动传承义利并举精神

星月集团坚定传承义利并举的永康企业家精神，勇于担当、甘于奉献，重视员工奉献情怀的培养，带头冲锋做好表率，在抢险救灾面前挺身而出。在云南地震、玉树地震、汶川地震、河南暴雨等灾情发生时，第一时间为灾区送去物资。保护文物，为周口店遗址、柏青山上的古涌泉的完整保存尽心尽力。出资“收养”地处沙漠边缘的托克音村的胡杨林，使胡杨林死而复生。致力于和谐社区建设，营造文明

安全氛围，公司消防义务队为周边村庄灭火650多次，直接挽回经济损失5000多万元，并协助派出所抓获通缉在逃犯罪嫌疑人12名，告破“两抢”、盗窃案件50余起。共襄薪火传承之举，助推教育事业发展，关注青少年成长，累计为古山教育发展捐款超800万元。

四、以人为本，“星耀”行动强化幸福指数

星月集团积极构建和谐劳资关系，坚持“党为统领，群团共建”，主张党委成员、各支部书记、工团妇共同参与，成立调解委员会，落实矛盾纠纷化解机制，做到“疏导为主、教育在先，一人一策、一事一结”，切实维护职工合法权益。常态化开展丰富多彩的文化体育活动，关心关爱困难职工，设立互助爱心基金，及时为上学困难员工子女送去助学金，为患病员工送去慰问与鼓励。

五、强化阵地，“星桥”建设丰富职工生活

坚持政治引领，坚持党性教育常态化，做强党建阵地建设，星月集团专门投入上百万元，建设星品展厅、红领文化基地、文化长廊、明星墙，设立工团妇融合活动中心、李波军工匠创作室、牟加义全国劳模创新工作室、心灵港湾工作坊、文化大讲堂等，并在党建阵地打造讲习所，在车间设立红色宣传栏、红色书吧、红色调解室、党员微课堂等，提高党员的政治素养和党性修养。公司打造的党性教育路线入选全市红色教育“初心印记”路线，至今已接待31批500多人次前来参观学习。

成效和启示

一、和谐氛围打造“星”家园

员工的团结力与向心力是企业发展的硬支撑，星月集团坚持党委引领、群团合力，集团党群部在工作、生活等各方面发挥着凝聚合力的作用，通过各项举措，让员工体会到企业的温暖，形成“我为企业、企业为我”的责任感，坚定了大家同呼吸、共命运的主人翁意识。近几年，一线员工的稳定率达95%以上，越来越多的星月人把公司当作自己的家。

二、铁军队伍造就“星”未来

依托各项人才培养计划，星月铁军分散在各个子公司，为集团从传统五金产业向高新科技企业的转型增添了巨大的助力。通过让人才当老板，给予人才极大的发挥空间，目前，星月集团的传统五金产业守正创新、稳步发展，高新科技产业生机勃勃、受到广泛关注，公司的发展路径一切向好、欣欣向荣。

三、员工奉献形成“星”力量

秉承“星月相伴　真情永远”的理念，所有的星月人都潜移默化地有了担当的勇气、奉献的精神，在新冠肺炎疫情、河南洪灾等期间，无数星月人响应号召，积极投入到各类抢险救灾中，捐赠物资、参与救援，为抗震救灾事业贡献了自己的一份真情。从“小爱”到“大爱”，星月集团员工在奉献社会、服务大局中形成了“星月”力量。

（执笔人：李晨睿　乔延新）

案例

38

建设奋斗奔跑文化，打造百年金融老店

○ 浙江绍兴瑞丰农村商业银行股份有限公司

○ 浙江绍兴瑞丰农村商业银行股份有限公司“奋斗文化客厅”

背景介绍

浙江绍兴瑞丰农村商业银行股份有限公司（以下简称：瑞丰银行）总部位于绍兴市柯桥区，是浙江省首批改制成立的农商银行。瑞丰银行坚持金融工作政治性和人民性，传承弘扬“走遍千山万水、说尽千言万语、想尽千方百计、吃尽千辛万苦”的浙江“四千”精神和“早上一头露水、中午一身汗水、晚上一脚泥水”农信“三水精神”，以“长期艰苦奋斗精神”为引领，以“奋斗幸福观”为内核，以“瑞丰奋斗者18信条”为基石，以“奋斗文化馆”“奋斗文化手册”“瑞丰奋斗者荣誉”“奋斗文化使者”“奋斗文化讲坛”等为平台，以“奋斗-奔跑”为文化表达要素和符号载体，打造奋斗-奔跑文化体系，引领老中青三代双向奔赴、奋斗共创。2021年，瑞丰银行成为浙江首家上市农商银行，2023年荣膺浙江省农商银行系统首家“百佳示范单

○ 瑞丰银行“两员一顾问”代表现场宣誓

位”，先后3次获评全国农商银行“标杆银行”。通过奋斗-奔跑文化体系，公司凝聚起高质量发展的磅礴合力。

主要做法

一、以“奋斗-领跑”之志定义目标，提升愿景号召力

在企业发展层面，瑞丰银行坚持“永续发展”经营精神，提出“1235”高质量发展体系，即打造“1”家百年金融老店，建设“2”个一流（全国一流农商银行、全国一流公众银行），坚持“3”好理念（把银行自身发展好、区域经济服务好、社会责任履行好），用“5年再造一个瑞丰”。在队伍建设层面，坚持“永争第一”职业精神，提出“瑞丰奋斗者18信条”，规范员工行为、淬炼精神特质、提振内生动力，从而成为绍兴市金融系统、全省农商银行系统中唯一获全国银行业“百佳示范单位”的农商银行。在社会责任层面，坚持“永恒价值”道义精神，聚力首位度、首创度、首善度“三度合一”，推进“瑞丰有爱·瑞行三助”公益行，10年来各类慈善捐赠逾1.3亿元，位居全国民营企业慈善500强。

二、以“奋斗-竞跑”之势抢占赛道，提升企业竞争力

坚持金融惠民。2021年4月，瑞丰银行与柯桥区委组织部联合建立“两员一顾问”服务机制，从行内选派132名优秀党员干部任驻村共富金融指导员和驻镇街（平台）共富金融特派员，聘请300余名村主职负责人任普惠金融顾问，建立帮村、帮企、帮农及扶困“三帮一扶”共富机制，每年为群众解决“急难愁盼”事项2000余件。坚持金融为民。打造“一乡一城一市”普惠服务模式，形成分层分类服务

"五类企业＋五个群体"普惠模式，普惠小微贷款增量连续3年位居绍兴全市第一，基本实现辖区农户"人人可贷"，连续3年被评为全省"民企最满意银行"。坚持金融富民。建设绍兴首个共富基地、共富联盟、共富基金，与63个政府部门单位达成合作，将200多项政务服务引入厅堂，助力政务服务增值化改革，相关项目获评浙江省改革创新优秀实践案例。

三、以"奋斗-长跑"之功谱写华章，提升员工战斗力

坚持"奋斗者"为本。2017年，瑞丰银行率先在浙江农商银行系统内开展"奋斗者"评选，以基层员工为评选主体，挖掘艰苦奋斗奉献的员工典范，构建起"奋斗者为本"人才选拔体系，先后有96名基层员工获评"瑞丰奋斗者"，享受8项荣誉待遇。坚持"拼搏者"为基。建立360度干部履职评价体系，实现职务能上能下、岗位能进能出、薪酬能高能低，形成崇尚专业、尊重人才、守正创新、艰苦奋斗的文化氛围。2023年6月，建成绍兴市金融系统首家博士后工作站，实现全行硕士博士学历人员占比8%，本科及以上学历占比95%。坚持"奔跑者"为先。全行推进重点项目"赛马机制"，为年轻人才提供干事创业平台，共建设47个重点项目，吸引年轻骨干参与260人次，提拔使用率达36%。同时，在全行建立"服务之星、营销之星、专业之星、管理之星、创新之星"评选机制，点燃奋斗激情。

四、"奋斗-接力跑"之棒赓续奋斗初心，提升社会感召力

奋斗场馆架起"沟通心桥"。2023年6月25日，瑞丰银行建成并启用面积逾1200余平方米的"奋斗文化客厅"（行史馆），生动反映绍兴改革开放践行"四千"精神、大力发展民营经济的面貌和瑞丰银行70年砥砺奋进、深化"三水"精神、支农支小的不凡历程。开展系列"奋斗日"活动，邀请社会各界及员工家属打卡，架起"沟通瑞丰人、服务合伙人、连接社会人"的文化心桥。将奋斗形象植入日常生活。创建企业IP"瑞宝"，植入微信表情包、客户小礼品等环节，

用软萌的“瑞宝”形象丰富企业文化社交力，如把“幸福是奋斗出来的”“沉下心、跑得远”“为你打Call”等一系列奋斗话语化作表情包，提升年轻员工对奋斗文化的认同。奋斗课堂传承奋斗精神。构建“五个一”文化课堂，即办好一本企业文化内刊、讲好一堂新员工直播文化课、培育一支员工文化宣讲队伍、打造一面支行奋斗文化墙、唱响一首瑞丰行歌。同时，通过“闪光的你”奋斗者说、“闪光如你”青年说、“我在窗口写青春”柜员说等宣讲载体，让奋斗文化入脑入心入魂。

成效和启示

一、奋斗文化在高度上，要坚持“三个好”

瑞丰银行奋斗文化呼应“三好理念”：银行自身发展好、区域经济服务好、社会责任履行好，恰在逻辑上与企业发展、区域建设目标都相吻合。作为一家已经有72年发展历史的农商银行，“百年瑞丰”不仅是一个可期的目标，还是引领全行奋斗的实践载体。同时，瑞丰银行所处的绍兴古城已经拥有2500年的悠久历史，在这样的城市以奋斗之名打造“百年瑞丰”，契合城市文脉、城市精神。

二、奋斗文化在厚度上，要秉承“三个永”

瑞丰银行提出“永续发展”经营精神、“永争第一”职业精神、“永恒价值”道义精神。“三永”精神既着眼于瑞丰银行当下发展，又直面瑞丰银行未来愿景，更关联瑞丰银行发展终极目标，构成“百年文化”最核心的诉求。“永争第一”是瑞丰长期实践最重要的精神特质，“永续发展”是“百年老店”最重要的一块基石，“永恒价值”是瑞丰银行基于发展本质积极回应社会属性、认真思考自己对于员工、客户和社会的价值所在，这是瑞丰银行发展的终极命题。

三、企业文化在温度上，要依托“三个人”

瑞丰银行在自身企业文化手册开篇中指出：“瑞丰银行发展的核心是人的发展，瑞丰银行文化的核心是人的文化。”瑞丰银行“三个人文化”作为奋斗文化的子文化加以落地，“瑞丰人（员工）文化”对应的是“永争第一”的精神，阐述瑞丰人的职业观；“合伙人（客户）文化”对应的是“永续发展”的保障，阐述瑞丰人的发展观；“共享人（社会）文化”对应的是“永恒价值”的追求，阐述瑞丰人的价值观。瑞丰银行把企业文化当成“百年文化树”来建设，使之有根有源，逻辑连贯，易于理解、便于宣贯，可以随时充实内容，成为一个有机的生命体。

（执笔人：李　菲　鲍佳丽）

案例

39

VOLVO

引文化共建活水，润企业共富沃土

○ 沃尔沃汽车台州工厂

○ 沃尔沃汽车台州工厂

背景介绍

沃尔沃汽车台州工厂（以下简称：沃尔沃）坐落于浙江省台州市路桥区，是中国第一家CMA基础模块架构工厂，并建有沃尔沃汽车在欧洲区以外的首个电池车间，采用世界一流的设计标准和建造理念，遵循沃尔沃汽车全球统一的制造体系和质量标准，在电气化、智能制造、可持续发展及产业链优化等方面均代表了世界先进水平。台州工厂于2017年3月28日落成，2017年8月29日开始量产，目前主要生产沃尔沃XC40、XC40 Recharge纯电动汽车、C40 Recharge纯电动汽车等。

沃尔沃致力于通过深化企业文化建设，在企业内部凝聚起共同创富的强大力量，助推企业员工命运共同体的共建共构，探索企业员工的物质生活和精神生活双富裕途径。一方面，积极发展员工的物质利益，通过就业、福利等形式，创造员工实现个人利益的合理途径；另一方面，坚持以人为本，尊重劳动、尊重知识、尊重人才、尊重创造，有效满足员工日益增长的多样化、多层次、多方面的精神文化需求，系统打造卓越的企业文化软实力。

○ 沃尔沃汽车台州工厂2023年工会职工职业技能比武大会部分选手合影

主要做法

一、凝聚思想共识，提升企业文化向心力

加强组织建设。不断健全工会组织，目前共成立篮球、瑜伽、游泳等17个文化俱乐部，每年开展工会职工职业技能比武大会、亲子游园会等大中型活动超20场，仅2023年就有过万人次参加，并通过各级媒体平台、企业宣传栏等“线上+线下”传播途径，切实增强文化组织吸引力、凝聚力、影响力。

加强阵地建设。为满足广大职工的业余文化生活需求，2019年投资建成功能齐全、面积达6000平方米的吉利汽车小镇企业文化中心（区域性职工活动中心），中心内设企业文化长廊、职工书屋、工匠工作室、心灵驿站、健身房等各类设施功能区，每年投入10万至15万元用于企业文化中心的日常运行和设备设施维护。

加强示范引领。大力弘扬劳模精神、工匠精神，持续开展工匠评比选树，现有“台州市五一劳动奖章”获得者1人、“台州工匠”2人、“路桥工匠”15人。不定期开展企业内部工匠劳模、产业工人标兵等评选表彰活动，让员工从典型身上感受不平凡的精神境界，营造“比学赶超”、向上向善向美的浓厚氛围。

二、弥合中西方差异，提升企业文化黏合力

致力于中西方文化融合，从语言、生活、活动等多方面切入，增强双方文化认同，从而发挥出“1+1>2”的凝聚效果。

专注语言融合。针对小镇内外籍员工占比较高的实际需求，每月举办汉语和英语的“双语”培训。注重日常口语交流，设立“文化角”，建立周分享制度，增加中西方职工的文化接触机会，鼓励中西方员工互相熟悉对方文化背景。

专注生活融合。秉承“以人为本”的理念，竭力淡化中西方职工

国籍、肤色、职位差异，要求中西方职工上班期间统一着工作制服，统一在公司餐厅就餐，统一住标准化宿舍，统一坐公司上下班班车，平等地为每名员工提供从入职、结婚生育到退休全过程的生命周期关爱体系服务。

专注活动融合。紧扣中西方特色文化节日举办各类活动，通过年会文化驿站、每月文化周活动中增强文化的曝光度，在互动游戏等近距离与员工交流的环节中体验文化互鉴的魅力，如邀请外国职工参加中秋节茶话会，邀请中国职工参加圣诞节许愿活动，促进中西方文化包容并存，真正让企业文化建设为企业所需要。

三、聚焦职工素养，提升企业文化凝聚力

形成技能竞赛氛围。推进技能培训、技能练兵、技能比武、技能晋级、技能带头人“五位一体”产业工人技能素质提升活动。积极开展新工种、新项目的劳动技能竞赛，如沃尔沃工会主办2023年工会职工职业技能比武大会，共设置12个比赛项目，吸引170名选手参赛。

践行终身学习理念。创新产业工人培训方式，完善校企合作机制，鼓励职工参与学历与能力“双提升”行动，不定期开展人才联谊、主题观影、文化沙龙、读书日等“邻里一家亲”活动，加强网络学习平台、产线仿真模拟系统建设力度，满足个性化学习要求，增强培训效果。

构建梯队帮扶体系。沃尔沃的教育培训经费60%以上用于优先保障产业一线工人文化教育、技能培训。公司广泛开展“名师带徒”活动，加大工匠创新工作室、技能大师工作室等高技能人才项目建设力度，将企业文化建设工作融入企业发展中。

成效和启示

一、提升高层管理者思想认识是凝聚企业愿景的关键

要让企业管理层认识到企业文化建设是企业的精神源泉，从而进一步理解中外员工的文化交流促进是推动企业高质量发展的前提要素，引导员工自发地成为中西方文化包容并存的践行者。通过实践、调研等多种方式了解员工关于企业文化的需求反馈，主动在语言、生活、活动等方面消除中外文化隔阂，帮助员工实现自我价值，助力企业发展。

二、做好企业文化科学规划是打造企业和谐氛围的前提

从沃尔沃汽车台州工厂企业自身的使命、蓝图、愿景出发，在明确本质立足点，多方访谈、资料收集整理的基础上进行充分的企业文化现状调研分析。在重点环节、重要内容上做到应调尽调，在各层级各部门员工中收集诉求反馈，让员工诉求及时体现到组织、阵地的企业文化建设之中，为企业文化建设安排设定合理的目标与推进的流程。

三、加强员工创新能力培养是扩大共建共享成果的抓手

科学吸收借鉴国外企业文化建设的成果和经验教训，聚焦企业高质量发展这一核心任务，持续努力打造学习型组织，在企业中营造不断学习、创新的良好氛围。鼓励中外员工运用批判思维，将创新意识带入到工作中。充分重视和挖掘中华传统文化的优秀成果，让企业文化建设扎根于中华传统的优秀文化之中，同时根据内外部情况的变化而适时调整，支撑企业全面创新转型。

（执笔人：钟加强）

“6＋1”企业文化，强筋壮骨促发展

○ 恒基建设集团有限公司

○ 恒基建设集团有限公司厂址

背景介绍

恒基建设集团有限公司（以下简称：恒基建设）成立于1995年4月，具有国家市政公用工程施工总承包一级资质，是一家集市政道路桥梁、地下管网施工、环境卫生、物业管理等业务于一体的民营集团型企业，年施工产值近20亿元。2017年被评为全国文明单位。

恒基建设始终把党建工作和企业文化建设放在重要的位置，坚持物质文明和精神文明一起抓，构建了具有行业特色和自身特点的企业文化。2007年起，恒基建设面对市场环境的变化和企业生产经营发展的需求，开始企业文化建设的新尝试。十年深耕，恒基建设经历了“认识到实践、策划到实施、推进到提升、继承到创新”的企业文化建设路径，通过深入探索、认真实践，于2017年形成了具有鲜明特色的红文化、德文化、法文化、匠文化、孝文化、善文化和健康文化的

○ 恒基建设在梧桐街道“星空夜校”举行“联学行动”

"6+1"企业文化，为企业进步提供了坚实的思想保证和文化支撑。

主要做法

一、"红文化"激发奋进力量

作为"6+1"企业文化建设的主旋律，"红文化"充分发挥了"红色引擎"作用。恒基建设以习近平新时代中国特色社会主义思想和党的二十大精神为引领，常态化开展"两学一做"学习教育、主题党日活动，通过"先锋微信群"内"微党课""微讨论""微测试"的线上互动和"传播感动、出彩先锋"故事宣讲会、党的二十大精神理论学习会等集中学习教育活动，增强党员干部、企业员工的政治思想觉悟。结合企业实际，把党建这条"红链"延伸到施工工地，通过"红色工地"建设，及时把党的声音传递给一线工人，切实把党组织的政治优势转化为有效推进工程项目建设的生产优势。

二、"德文化"塑造人文品质

恒基建设将"德文化"列为企业文化建设的重要组成部分，坚定道德信念、固守道德习惯，推进社会公德、职业道德、家庭美德和个人品德建设。发挥"恒基大讲堂"的教育阵地作用，通过劳模报告会、精彩故事大家讲等活动，以及两年一次的"最美恒基人"评选表彰，以"身边人讲身边事，身边事教身边人"的生动形式，营造"学先进、讲道德、当先锋"的浓厚氛围，在潜移默化中增强员工的责任感、荣誉感，提高员工的道德文明素养，从而提升公司的整体品质。

三、"法文化"增强法治观念

诚信在于心，法治在于行，"法文化"帮助树立全员法律法规意识，规范行为举止。通过企业合规建设，形成合乎规范的、诚信文明的职业行为，提升依法合规经营管理水平；通过举办法律专题讲座、法律知识竞赛、法律宣讲进工地等宣教活动，以法律知识、质量安全“一对一”宣传形式，让每位党员干部结对一名民工并就相关法律知识和施工安全知识进行讲解和宣传；聘请法律顾问团，编写恒基普法“三字经”，实行法律法规宣传教育网格化管理，提高公司员工和一线工人的法律法治观念。

四、“匠文化”筑牢发展基础

“匠文化”弘扬“执着专注、精益求精、一丝不苟、追求卓越”的工匠精神，教育员工“勤学长知识、苦练精技术、创新求突破”，积极打造优质品牌工程。依托“恒基大讲堂”，采取外部专家“请进来”和优秀员工“大家谈”的形式，开展定点、定向、订单式培训教育活动；组建公司QC攻关小组，鼓励自学和科技创新；在项目部设立“民工学校”，方便一线民工在工余时间进行学习，为一线施工人员“有效充电”，提高了企业施工现场技术管理水平和科技创新能力。

五、“孝文化”涵养良好企风

以“孝”为切入口，“孝文化”激发员工尊老爱幼、爱企如家的情怀，组织“我自爱恒基”孝心系列活动，以征稿、演讲、表彰等不同形式，说初心、话爱心、谈诚心，增强企业的凝聚力、向心力和战斗力。公司重视亲情管理，制定《职工父母生活奖励金亲情发放管理办法》，给员工父母每人每月发放50到300元不等的亲情奖励金，让企业员工父母共享企业发展的成果。每逢母亲节，要求青年员工必须为母亲做一件力所能及的事情，同时热心邀请员工父母参加公司集体活动，真正做到“感恩于心，回报于行”。

六、“善文化”彰显责任担当

“善文化”春风化雨、温暖人心，充分履行社会职责，彰显责任担当，建树“恒基”公益慈善品牌形象。争当高质量发展建设共同富裕示范区典范城市排头兵，建立“恒基建设共富基金”，用于帮助公司员工、社会困难家庭，以及支持美丽乡村建设等社会公益项目。设立“恒基崇学奖”，奖励乡村考取重点高中和大学的学生累计381人。热切关心下一代工作，举办“恒基暑期夏令营”，丰富青少年暑期生活。发挥行业优势，组建志愿者服务队伍，积极参加防疫、抢险救灾工作。

七、“健康文化”共建健康企业

“健康文化”引领生活方式，重视员工身心健康，丰富文体活动，寓教于乐，建设健康企业。通过党员之家、职工之家、青年之家、妇女之家四位一体的建设，构架公司与员工、群团组织间的桥梁。建立心灵港湾工作坊，解难答疑、化解矛盾、增进团结，成立至今，先后与员工、农民工兄弟开展谈心400多人次，帮助解决思想问题和实际困难300多人次。利用职工书屋、职工活动中心等文化场所开展学习阅读、文体竞赛等活动。藏有各类图书12万余册的恒基“职工书屋”已成为公司内聚人气、外树形象的文化品牌。

成效和启示

恒基“6+1”企业文化，以润物细无声的姿态创新赋能，为企业高质量发展“强筋壮骨”。

一、党建引领赋能企业思想动力

“6+1”企业文化体系特别是红色文化增强了党建引领力，提升了恒基建设全体党员和员工的政治觉悟，让员工转变工作作风、提升岗位能力、改善综合素质。恒基建设始终坚持员工是主人的理念，不断满足员工日益增长的美好生活需要。从各个层次的需求和思想状况出发，以员工喜闻乐见的形式满足多样性需求，得到员工的认同并让员工产生共鸣，形成了企业文化的生命力。由此，党群工作进一步贴近员工、贴近企业，党群工作的针对性、有效性得到强化，增强了企业思想动力。

二、知行合一夯实企业实践基础

“6+1”企业文化体系培养了全体员工的道德素养，通过明确价值理念、规范行为举止，推动了“知行合一”的道德实践。将法律法治观念传递到每个职工的心中，形成合乎规范的、文明的职业行为。同时强化了员工的法律法规意识，人人懂法知法，为企业的生产经营创造良好的法治基础。企业文化体系建设必须与企业实际相结合，充分挖掘整合具有行业特点、企业家个性特点的个性化语言，形成鲜明的个性特色，才能在知行合一中落到实处、形成效果。

三、守正创新凝聚企业发展合力

“6+1”企业文化体系通过构建培育体系和共育人才机制，加深员工对“工匠精神”的理解，加强“工匠型”员工队伍建设，全面提升公司员工爱岗敬业的职业精神、精益求精的品质精神、协作共进的团队精神和追求卓越的创新精神。企业文化建设要注重与时代的结合，把创新理念植入到企业文化建设中，体现时代特征和要求。恒基建设注重促进员工身心健康，履行社会职责，传递社会正能量，较为全面地构建企业与员工、企业与家庭、企业与社会的和谐关系，凝聚起企业发展合力，进一步彰显责任担当，推进了企业高质量发展。

（执笔人：吕国跃）

社会责任篇

案例

41

打造“爱白鹭”品牌，擦亮绿色石化名片

○ 中国石油化工股份有限公司镇海炼化分公司

○ 中国石油化工股份有限公司镇海炼化分公司外景

背景介绍

中国石油化工股份有限公司镇海炼化分公司（以下简称：镇海炼化）是全国首批八家“国家环境友好企业”之一。10年来，随着厂区周围生态环境改善，厂区内的小树林自然形成了白鹭春来秋去的栖息地，鹭鸟高峰时多达近千只，除了常见的白鹭、牛背鹭、池鹭、夜鹭等，还有大白鹭等珍稀品种。

○ 镇海炼化白鹭自然保护地

镇海炼化深入贯彻习近平生态文明思想，始终把安全绿色作为打造“世界级、高科技、一体化”绿色石化基地的重要基础。将“让白鹭告诉你”的环保理念深度融入公司思想文化，把白鹭作为生态“检验师”和“代言人”，积极探索生物多样性保护路径，率先实施国内首个“无废无异味”绿色示范基地建设，进一步保护白鹭生存的蓝天、碧水、净土。良好的厂区环境促成了全国石化企业首个白鹭自然保护地建立和I-egret（爱白鹭）“白鹭全球慢直播”品牌创建，生动展示环境保护成效，带动了石化园区安全环保水平的提升，增强了干部员工以及社会公众对石化企业的认同感。目前，白鹭自然保护地已形成核心区、拓展区和辐射区“三区”生态。其中核心区从最初2200平方米扩大到15000平方米；拓展区对厂区水系进行综合治理，为白鹭活动觅食提供优质环境；辐射区通过绿色管廊带连通宁波石化园区，河流、湿地、滩涂进一步丰富了白鹭的食物来源，辐射带动整个石化园区环保水平提升，助力浙江持续推进生态文明建设先行示范，在“浙”里看见美丽石化、美丽浙江、美丽中国。

○ “爱白鹭”标识

主要做法

一、以理念为引领，让绿色文化入心入行

浙江是习近平生态文明思想的重要萌发地，镇海炼化作为浙江省石化产业龙头企业，以“让白鹭告诉你”为环保理念，通过品牌化、具象化、故事化的诠释引领，凝聚和激发全员行动合力。

理念品牌化。把理念引领作为重要的思想根基，创新打造“I-egret（爱白鹭）”品牌，注册品牌网站，突出“让白鹭告诉你”公司环保理念的辨识度，融入公司“3863”企业文化建设模型，彰显中国石化“能源至净　生活至美”的品牌承诺，向碳的“净零”扎实迈进，矢志成为行业绿色发展标杆，实现企业、社会与自然的和谐共融。

理念具象化。建立了原创绿色品牌VI（视觉符号系统）——“I-egret（爱白鹭）”品牌，让绿色环保理念具象化。通过白鹭与爱心的写意组合构成独特的图形标识，并与“I-egret（爱白鹭）”文字、绿色底色一起，组成企业绿色品牌“I-egret（爱白鹭）”标识，强烈地传导出企业追求绿色发展的价值取向，与绿色生态共存共融的价值承诺。

理念故事化。讲好白鹭安“家”的故事，推动习近平生态文明思想入心入行，推进废弃物源头减量和资源化利用，为白鹭在镇海炼化的繁衍生息夯实环保基础。以白鹭视角引导员工及公众了解洁净能源，看见镇海炼化正在以自己独有的方式塑造“世界级、高科技、一体化”绿色石化基地，激发全社会对环境保护的关注和自觉。

二、以体验为导向，让技术支撑受众沉浸式参与

镇海炼化融合数字媒体技术，实现零距离、全天候、全球覆盖的高临场体验，最大限度地创造了身临其境的现场感。

突出视觉体验零距离。直播网站开通6个视窗，依托11路高清摄像头和配套网络，捕捉到白鹭的精细动态，将白鹭的繁衍生息完整呈现给全球受众。园区采用高清图像处理技术和网络传输技术，确保了实时画面的流畅传输和高清显示。镇海炼化白鹭园入选第二批“浙江省观鸟胜地”名单。

突出时间体验全天候。24小时、365天不间断直播，观众可全时观看白鹭筑巢、下蛋、孵化、破壳、哺育、飞翔过程，沉浸式体验人与自然、能源与环境和谐共生的生态之美。在浙江展览馆举办的“八八战略”实施20周年大型主题展览中，“镇海炼化白鹭自然保护地”视频在综合展区精彩亮相。

突出科普体验国际化。网站以国际化视野进行设计，慢直播官网设置中英双语、默认英文界面，对鹭鸟的种类、习性等知识进行科

普，讲解视频应用前沿技术，支持全球全网稳定观看。“白鹭全球慢直播”专题发布活动得到联合国环境规划署驻华代表处等有关部门负责人的高度肯定，成为全球生态文明建设“洱海论坛”的经典案例，入选联合国COP15全球企业生物多样性保护案例集。

三、以传播为核心，让企业声誉破界破圈

镇海炼化拓展传播渠道、踩准传播节点，借助头部主流媒体、知名人士的力量，放大企业传播声量，突破企业传播瓶颈，打造绿色企业形象。

主流媒体联动传播。自2022年5月试运行发布以来，CCTV“直播中国”、光明网首页推送直播，《人民日报》客户端、生态环境部“中国环境”客户端专题直播，《中国青年报》连续14期直播，新华网、央视频、环球网、凤凰网、《中国石化报》、江苏电视台“荔枝新闻”、《浙江日报》等媒体纷纷报道，热度空前，社会面反响积极。

知名人士带动传播。在“白鹭全球慢直播”平台上线之际，邀请联合国环境规划署、中国公共关系协会等机构共同启动白鹭全球慢直播。在“浙江生态日”当天上线平台，生态环境部宣教中心主任出席启动仪式并致辞，联合国环境规划署驻华代表、中国公共关系协会负责人和集团公司党组领导视频致辞。邀请企业主播和外籍员工双语介绍白鹭，在中国石化海外新媒体矩阵中传播量超百万，其中中国石化海外社交媒体单篇图文点赞超5000人次，创单篇人气新高。

找准节日热点传播。突出4月1日“国际爱鸟日”、4月22日“世界地球日”、5月22日“国际生物多样性日”、6月5日“世界环境日”等节日，加强环保理念传播。“白鹭全球慢直播”推流至CCTV“直播中国”的“国际生物多样性日”“鹮飞鹤舞，珍鸟做客”2个直播栏目的首页以及其余20家中央及地方媒体。城市展览馆等线下展厅也接入信号，实现跨平台全网关注。相关报道4000余篇次，海外阅读量超100万人次，平台观看量超1亿人次，等效浏览时长超120万分钟。

成效和启示

镇海炼化推动白鹭自然保护地建设，以“白鹭全球慢直播”的独特视角，构建了以对话、沟通为基础的新型公共关系，提升了公众的环保责任感，实现了破圈传播、文化输出，塑造了中央企业绿色高质量发展的良好形象。其成功经验与做法，对相关行业和机构部署实施公众开放等活动，具有借鉴意义和实践价值。

一、要练内功，坚持开放为先

化工邻避效应是困扰石化行业发展的难题。白鹭自然保护地的实践表明，开门办企业，让周边居民亲身感受炼化厂周边生存环境的优化，赢得公众的理解和认可，是解决化工邻避效应的一项务实举措。开放需要勇气，更需要底气。“白鹭全球慢直播”是对企业经营管理常态化的直接考验，要求企业必须练好内功。企业在组织好生产经营、发展建设的同时，要不断强化基础设施建设，提升现场管理水平，才能守护好“生产区内的白鹭栖息地”。要坚持以制度来规范、以机制来保障、以行为来养成，引导员工内心认同、代代传承绿色发展的意志和决心。

二、要搭平台，坚持创新为核

企业要深入践行习近平生态文明思想，创新打通与公众沟通的渠道，建立起传播企业核心价值理念、提升企业品牌形象的平台，为永续发展开拓空间。要数字化创新，打造数字化应用场景，通过线上网络直播等形式，营造沉浸式体验新模式。要场景化创新，增加趣味性，启发公众的信息获取欲，增强观感和效果。要全域化创新，通过线上与线下结合、理论与实践结合，努力打造生态文明绿色发展的鲜活案例。

三、要聚外力，坚持共享为略

实现美好环境共建共治共享，是落实新发展理念、推动生态文明建设的重要途径，也是增强人民群众获得感、幸福感的必然要求。要善于通过企业的“代言人”如白鹭，作为第三方来向社会“说”，汇聚起员工、公众、政府、媒体等各方合力，激发起全社会共同呵护生态环境的内生动力。要久久为功，持续拓展生态优化治理，辐射带动区域整体环保水平提升，助力生态环境“逐青向绿”。要绵绵用力，保障公众环境知情权、参与权和监督权，增强全社会生态环境保护意识，为推进美丽中国建设、谱写绿色发展新篇章做出应有贡献。

（执笔人：黄仲文　梅辽颖）

案例

42

“电力背包客”：为山区留守家庭带来美好生活

○ 国网浙江省电力有限公司泰顺县供电公司

○ 国网浙江省电力有限公司泰顺县供电公司“电力背包客”服务队伍为深山用户送去“上门服务”

背景介绍

国网浙江省电力有限公司泰顺县供电公司（以下简称：泰顺电力）成立于1996年2月，担负着泰顺县1761.5平方公里的供用电管理工作。多年来，公司秉承“人民电业为人民”的企业宗旨，在电网发展、优质服务、抢险救灾、抗疫保电等工作中诠释了“电网是生命之网”的深刻内涵。公司先后被授予浙江省文明单位、浙江省级和谐劳动关系先进企业、中国电力企业最美基层党组织等荣誉称号。

泰顺县地处浙南山区，县域范围内“九山半水半分田”，是典型的劳务输出型地区，目前仍有约5万人还居住在较偏远的山区，其中低保户、老年人、留守儿童等人口基数较大，服务车程超过45分钟以上的自然村有120余个，属于服务管理末端。针对电力服务痛点，国网泰顺县供电公司建设“电力背包客”品牌文化，将电力服务现场延伸至偏远山村。在“电力背包客”品牌文化建构下，公司开展“红船连心路·背包为民行”服务实践，将红船精神的“首创、奋斗、奉献”三大精神内涵与“电力背包客”的“知、行、效”三个维度紧密结合，将“电力服务”拓展至新时代志愿服务领域，同时也展现了公

○ “电力背包客”团队成员为山村老人开展上门服务

司以首创精神不断探索、以奋斗精神升级实践、以奉献精神推动“示范窗口”落地的初心使命。

主要做法

一、聚焦“走遍千山万水”，以背包跨越千山，用双脚丈量民情

面对偏远山区困难群众，泰顺电力打造“电力背包客”文化品牌，开展“红船连心路·背包为民行”活动。“电力背包客”团队采用“636”工作法，实施“三走进一入户”服务。结合农村生态大搬迁、美丽乡村、惠民工程、营商环境建设等大背景，踏入深山为偏远山区的孤寡老人、留守儿童上门办理用电业务、倾听心声、维修线路等，及时了解用户需求，实现服务前置，让客户有了更好、更实、更便捷的体验，真正让山区客户“零趟跑”。将车程超过45分钟的村落划分为免跑村，以“便民、高效、集约”为原则，“电力背包客”团队在各个村居建立相对固定的责任片区，形成网格服务，急群众之所急，应群众之所需。五年来，“电力背包客”服务里程超51320公里，受益人群逾1.2万人次，缩短了山区用户90%以上的办事时间和路程，将偏远山区用电故障率从2018年的19%下降到2023年的3%，以实际行动为偏远山区留守家庭带来美好电力生活。

二、聚焦“说尽千言万语”，履责倾听千言，以志愿助力民生

针对偏远山区孤寡老人、留守儿童较多的情况，“电力背包客”团队积极履行社会责任，倾听社会心声，开展“深山点灯人”志愿服务活动，从解决偏远山村家庭的室内用电问题、排查安全隐患出发，将服务延伸至群众生活的方方面面。实施“一盏灯情暖夕阳”活动，

以高龄独居老人、低保户家庭等特殊群体为重点对象，定期为各村落低保老人开展表后线路检修、常用药品更换、生活用品代买等服务。实施“一滴水”汇聚善心活动，积累儿童“微心愿”清单，联合各方力量筹措爱心善款，助力贫困儿童点亮“微心愿”。开展“一个包传播爱心”活动，聚焦山区“共同富裕”示范区建设，打造流动“红船·光明驿站”，将电力服务延伸至客户家门口，以“走播带货”形式纾解了特色农产品滞销等燃眉之急，助推山区“共同富裕”踏上新征程。五年来，共投入200余万元用于志愿服务项目，改造用电住房896间，为乡民节约电费253万余元。“电力背包客”荣获温州市最佳志愿服务项目、温州市志愿服务项目金奖、“感动温州”十大人物集体奖及温州慈善奖，并斩获浙江省志愿服务大赛铜奖。

○ “电力背包客”品牌标识

三、聚焦“想尽千方百计”，创新寻路千方，以数智化解民忧

在数字化改革的创新浪潮中，公司进一步探索“电力背包客”数智化服务转型路径，将“智慧党建”中的大数据思维、用户思维等深嵌到“电力背包客”品牌建设之中。推出“数字背包应用平台”管理系统，全面升级“电力背包客”的智慧化管理水平。针对“办电路程远、工单流程长、服务管控难”痛点，公司坚持以服务工单化、工单数字化、数字绩效化为导向，通过设计“电力背包客”名片二维码、微信小程序等形式接收用户用电问题和需求，主动上门为用电客户办理业务、排忧解难，实现服务流程实时跟踪和闭环反馈，提高业务办结效率，让客户有了更好、更实、更便捷的体验，真正实现山区客户“零跑趟”，让客户用电更加智慧化、人性化。“数字背包应用平台”获全国电力数字化转型技术创新奖，并被评为温州公司管理创新优秀示范成果。

四、聚焦“吃尽千辛万苦”，实干克服千辛，以真诚汇聚民心

以“电力背包客”品牌为载体，通过党建联建形式形成共建合力。泰顺电力与泰顺县公安局、农商银行联合组建“背包党建联建”单位，按照“抱团党建、精诚合作、共同提升”的思路，以“背包三剑客”服务为主线，为山区百姓提供“全流程、全方位、个性化”特色背包服务，将文化建设转化为落地行动。泰顺县地处浙闽交界，有多个乡镇自然村与福建省毗邻，存在着线路交叉隐患多，治安管理难度大等问题，因此，泰顺电力与国网福鼎市供电公司构建“浙闽边党建联建”单位，通过交界两地党支部联建，开展“背包驿站”驻点服务，在线路整治规划、治安管理、促进村集体经济发展、乡村振兴等方面“互帮、互助、互促”，共同打造浙闽边和谐美好用电生态。该项目在实施的过程中，受到了社会层面广泛关注和肯定，带动了县内12家单位和企业纷纷加入背包志愿者队伍。“背包三剑客”党建联盟案例曾入选人民日报社“献礼建党百年”基层党建与民生发展百个优秀案例，“电力背包客”举措被当地政府评为“最多跑一次”改革典型学习经验。

成效和启示

“电力背包客”文化品牌建设以来，以为偏远山区留守家庭带来美好生活为目标，传承红船“首创、奋斗、奉献”三大精神内涵，对内不断激扬员工践行新时代文明风尚的热情，对外履职尽责展现央企使命形象，在优化营商环境、助推共同富裕、践行“双碳”战略等方面积极作为，在服务人民美好生活需要方面凸显价值。“电力背包客”项目曾入选联合国可持续发展优秀实践案例，获2021“金钥匙——面向SDG

的中国行动”优胜奖，相关微电影荣获全国品牌故事大赛一等奖、中央企业故事大赛优秀奖。以“电力背包客”真实案例为蓝本的相关故事入选国资委和共青团中央联合制作的献礼建团100周年的微电影《微光》。

一、注重因地制宜，瞄准共同富裕目标

在品牌文化建设过程中，要瞄准山区“共同富裕”目标，以提升山区优质服务水平、优化百姓用电生活为出发点，精准把握志愿服务对象需求，从解决农村家庭“表后”用电问题着手，开启“深山点灯人”志愿服务，将服务模式“最大化”，将电力服务延伸至生活服务的方方面面。“电力背包客”团队通过为山区群众“代办跑腿”“走播带货”“志愿帮扶”等形式实现服务增值。

二、注重与时俱进，深耕数字改革领域

在品牌文化建设过程中，要紧跟数字化改革要求。泰顺电力进一步创新谋变，将“电力背包客”文化品牌建设与为民服务实践、数字化管理手段相结合，通过“数字背包应用平台”智慧云窗大屏，实时感知、显示、分析、跟踪“电力背包客”服务实践，使传统服务过程提质升级，变得可视化、可统计、可衡量，从而提高“背包”品牌实践工作的实效性。

三、注重示范联动，增加文化输出力量

在品牌文化建设过程中，要不断找寻、发挥队伍的联动效应，壮大队伍力量。通过与当地政府机关、企事业单位联合联动，不断拓展品牌影响领域、延伸服务半径、增强文化输出，通过扩充“朋友圈”将“背包为民”服务走深走实。梳理建设经验，将“电力背包客”品牌文化构成、组织架构、服务做法具象化为一套完整的品牌文化手册，形成可复制、可推广的山区志愿服务创新做法，打造新时代文明实践背景下企业文化品牌样板。

（执笔人：郑俊娜　包舒静）

案例
43

守护驿站，温暖回家

○ 金华市公交集团有限公司

○ “守护驿站·温暖回家”金华8县市公交志愿联盟启动仪式

背景介绍

金华公交成立于1977年，2012年在市公交公司和市城乡公交有限公司的基础上组建成立金华市公交集团有限公司（以下简称：金华交投公交），2019年成建制划转至市交投集团。金华交投公交是一家集公益性、服务性和窗口性为一体的国有独资企业，现有职工2100余名，运营线路约215条，运营车辆约1100辆，年客流量约7000万人次。公司先后荣获全国文明单位、全国先进基层党组织、全国精神文明建设先进单位、全国和谐劳动关系创建示范企业、全国职工之家等国家级和省部级荣誉。

金华交投公交深入贯彻习近平新时代中国特色社会主义思想，以“多谋民生之利、多解民生之忧”为出发点和落脚点，扛起国企使命担当，瞄准群众的操心事、烦心事、揪心事，聚焦老人小孩易走失的社会现状，于2019年年初启动“守护驿站·温暖回家”公益项目，创新“公交＋公安＋媒体”跨部门联动模式，做深做好“公交＋民生工程”“公益＋基层治理”两大文章，进一步擦亮公交公益品牌，展现公交国企担当，构建出一套有金华特色、简约高效的城市基层治理体系。

主要做法

一、坚持为民导向，构建温暖回家“主场景”

金华交投公交充分发挥公交车GPS和视频监控全覆盖的现有优势，发掘公交车与驾驶员遍布城市各个角落的潜在优势，构建城市走失信息综合中心。一是建阵地。以1100多辆公交车、132个BRT站点为守护驿站，2100余名公交人为志愿守护员，将210余条公交线路编织成平安守护网，组建公交“守护驿站”阵地。二是建流程。将“守护驿站”流程拆解为收到走失信息、公交乘车轨迹记录、过程线索提供、在线调度、语音呼叫、紧急施救等搜寻任务，有效提升了搜寻效率和走失人员生还率。三是建队伍。通过多次组织救护、沟通交流等专业搜救技能培训，金华交投公交将公交一线人员打造成了一支专业走失搜救志愿队。

二、坚持三方合力，打造温暖回家“主力军”

金华交投公交创新跨部门联动模式，联合公安、媒体，构建“公交志愿队—公安情指联勤中心—媒体发布队”三方联动组织，形成城市走失基层治理新格局。一方面积极与市公安局110指挥中心联系，上线一键报警功能，实现报警信息同步传送，减少警力资源浪费。另一方面公交指挥调度中心作为走失信息整合处理中心，向全体驾驶员发送信息，只要发现车上有体貌特征相近的走失人员就立即上报。在接到公交上报相关信息后，媒体第一时间发布走失资讯，扩大寻找范围，寻找更多走失线索。

三、坚持志愿提能，坚定温暖回家“主心骨”

一般而言，社会上走失者多为患有老年痴呆或精神疾病的老人以及离家出走的儿童等，此类人或对陌生人警惕性较高，或认知能力与常人不同。金华交投公交多次组织近1500名一线司乘人员进行救护、沟通交流等专业培训，让一线人员在工作中养成“多看一眼、多问一句、多留一份心”的志愿服务好习惯，把公交司乘人员培养成具有高社会信赖度的志愿者。据统计，金华市约有82.05%的走失寻回项目启动是由于公交职工发现走失者神情、举止异常，主动上前关心询问。如在2020年4月28日晚上，快速公交站务唐锦霞在浙师大站务室，发现一名八旬老人坐在椅子上，于是主动上前询问得知老人要去金龙小区。但金龙小区位于城东，浙师大位于城北。通过交流，唐锦霞感觉老人的认知能力不同于常人，又发现他没带老年卡和手机。由于天色已晚，担心他在转车时出现意外，唐锦霞询问老人家属的电话后联系了家属，才让担心了一整天的家人找回了亲人。

四、坚持暖心服务，扛起温暖回家“主责任”

为让“守护驿站”更好发挥作用，公交志愿队专门设计制作印有公交热线、温馨提示、救助二维码、持卡人姓名、联系电话、家庭地址等信息的“守护卡”和“守护码”。多次进乡村、走社区、入学校，通过发放宣传册、赠送守护卡的形式，喊出“迷路了找公交，我们带你回家”的口号，不断提高“守护驿站”的知晓率。该项活动获《钱江晚报》专版刊登并登上中央电视台“朝闻天下”栏目，《中国交通报》、浙江新闻网、浙江卫视等多家媒体刊发相关报道600余篇。此外，公交志愿队还受邀参加浙江省公安“110宣传日”活动，由志愿

○ 金华交投公交“守护驿站”自制剧参与浙江省公安“110宣传日”活动

队自编自导自演的《落叶归根有惊喜、坐着公交赞故乡》情景剧，受到市民的一致好评。“守护驿站”公益项目获得第五届金华市志愿服务项目大赛金奖、浙江省志愿服务项目大赛铜奖、首届浙江省志愿服务展示交流活动暨项目大赛银奖等奖项荣誉。

成效和启示

“守护驿站”公益项目通过优势互补的资源拓展、跨地区联合的创新行动、专业高效的队伍建设三大举措，探索出一条可持续可复制可推广的国有企业助力社会基层治理的可行之路。

一、行业优势是社会基层治理的有效切口

“守护驿站”项目有效连接了公安部门、新闻媒体，通过公交拥有的地域和机制优势，为国有企业深度参与社会基层治理提供了条件。“守护驿站”通过互联网等现代信息技术完善协调与统筹机制，形成整体性系统。金华交投公交创新提出的“公交＋公安＋媒体”跨部门联动模式，做到了城市数据的有效整合和共享，为社会基层治理路径的探索做出了贡献。

二、志愿联盟是社会基层治理的重要补充

推动市级资源下沉到县域，有效提高基层社会服务的数量和质量。金华交投公交充分发挥全国文明单位、全国先进基层党组织示范引领作用，牵头金华8县市公交组建金华全市域的“守护驿站·温暖回家”志愿联盟，为社会基层治理发展提供更为坚实的保障。

三、信息技术是社会基层治理的有力支撑

公交守护驿站依托信息技术优势和暖心救助机制，为走失者打造

了一条温暖回家通道。自启动以来，金华全市域范围救助人数已达1000余人次。在启动仪式当天，运用智能调度系统在短短2分钟内，便收到“已接到走失小男孩，请家长放心”的回复。

（执笔人：曹　璇）

案例

44

“百万伏·百万福”，托起希望传递力量

○ 国网浙江省电力有限公司超高压分公司

○ 浙江省首座1000千伏特高压交流变电站安吉站

背景介绍

国网浙江省电力有限公司超高压分公司（以下简称：浙江超高压）始建于2012年，是浙江骨干电网输变电设备集中管理单位，负责全省500千伏及以上电网的运维检修工作。2013年，浙江省首座1000千伏特高压交流变电站安吉站并网成功，自此，浙江省迈入特高压时代，有效缓解了浙江“经济大省、能源小省”带来的发展困局。公司先后荣获浙江省文明单位、浙江省五一劳动奖状、浙江省企业文化建设示范单位、国家电网公司先进集体、国家电网公司企业文化示范点等荣誉。

浙江超高压创新企业文化建设，取百万伏电压谐音创立“百万伏·百万福”品牌，统一品牌Logo，并于2019年5月完成商标注册。公司以“点亮百万梦想，传递百万希望”为目标，制定年度战略规划和实施纲要，把“国网爱心工程”及公司社会责任规划与特高压站所驻地周边情况相结合，将“阳光护网”行动、“阳光圆梦”计划、“阳光助困”计划、“守护夕阳”计划等作为品牌运营核心项目，形成“助困、传承、共建、共富”的品牌文化内涵，推动品牌文化融入企

○ “百万伏·百万福”志愿者走进四川大凉山，为山区孩子讲授音乐课

业发展，让品牌文化的核心价值引导和规范员工行为，激发员工的责任感和荣誉感。

主要做法

一、肩担民生，护网行动聚合力

肩担民生彰显品牌力量。公司持续深化“百万伏·百万福”工作机制，扎实推进“百万伏·百万福”品牌融入全省电力主网特高压运维检修工作全过程。截至目前，两大直流输电工程已安全平稳用电10年，累计输送清洁能源电量超7200亿千瓦时，相当于减少36000余万吨的碳排放，多种约225万棵树，在助力清洁能源示范省、“两美浙江”建设中彰显了“百万”力量。守护光明亮出青春底色。在抗冰抢险、抗击强台风“利奇马”“灿都”等重大保电任务中，“百万伏·百万福”团队实施的“能源互联网传播示范基地建设推动产业集聚区电能替代”社会责任根植项目，确保了特高压站所安全生产各项指标合格率100%。团队成员不畏艰难、冲锋在前，寸步不离守护浙江主网安全运行，充分展现了特高压精神青春不变的底色。“百万伏·百万福”团队屡次获得国家电网公司、省电网公司嘉奖，先后参与西藏、新疆、内蒙古等地的专项帮扶工作，吸引了50余次国内外领导专家的调研交流。蒙东、山东、冀北、福建等地的多批特高压运检人员到特高压站所进行长期培训，特高压交直流站所已成为特高压电力运检人才成长的摇篮。

○ “百万伏·百万福”品牌标识

二、爱暖童心，圆梦计划助成长

结对帮扶放飞求知梦想。成立爱心基金会，长期帮扶丽水市特殊教育学校、湖州扬帆特殊青少年发展中心等机构的特殊学生，建设大龄自闭症儿童日间工作坊——“星艺坊”，帮助残疾儿童家庭脱贫致富。团队长期结对资助残疾学生累计60多名。得益于帮扶工作，一名困难学生如愿考入浙江大学；一名听障儿童师从国家级工艺美术大师，实现了自己的根雕梦想；多名自闭症儿童已基本康复，其中2人已转入正常学校就读。童画义卖助力点亮童年。童画义卖帮助458名留守儿童实现了“微心愿”。2021—2023年，团队多次走进“西电东送”工程起点——四川省布拖县拉达乡中心小学，与该校1200余名学生中留守儿童最为集中的四年级一班建立了长期帮扶关系，开展“西电东送、东爱西传”“童画义卖”等公益活动，为学校建设“爱心教室”，通过5G云视频同步课堂等方式，持续给学生们带去音乐、诵读等12堂课程。团队的履责行动获中央及地方权威媒体13次报道。

三、鱼渔并授，助困助残促和谐

“百万福微购”解难题。公司下辖变电站地处偏僻，团队在看到驻地村民农产品因交通、信息不对称等情况出现滞销情况后，结合农产品时令，通过“百万福微购”打通线上销售通道，为被帮扶对象解决困难。团队成立以来，有效帮助特高压安吉站驻地销售滞销白茶80余斤、特高压兰江站驻地销售滞销杨梅800余斤、特高压莲都站驻地销售滞销柑橘1000余斤，为周边村民真真切切地解决了当下和后续销售的实际难题，搭建了脱困共富的桥梁。“乡村振兴”建设助增收。团队结合世界环境日，在驻地周边启动“特高压公益骑行”“安全用电推广”“公益林”种植等活动，制作通俗易懂的《安全用电知识》手册进行用电宣传，为村民建设“屋顶分布式光伏”22000瓦，共同种植公益果林等经济类作物500余株。“百万伏·百万福”团队成员走进村庄，帮助村民改善生活，因此团队成员被村民们称为“送福的孩子们”。

四、关爱老人，守护夕阳暖人心

“爱心档案”守护老人健康。团队与驻地远山村的空巢老人结对，定期开展爱心活动，在当地村委帮助下，通过充分调研确定“五保户”、特困户和孤寡老人等帮扶对象18人，建立“爱心档案”，定期组织团队成员开展“家人一线牵”“智能手机教学”“‘百万福’剪发”“爱心植物认领”等活动，通过与留守老人暖心交流、帮扶特困老人，守护远山村空巢老人身心健康。“五共载体”拓展企村共建新模式。公司积极履行社会责任、发挥示范引领作用，自2013年与萧山区南阳街道岩峰村、余杭区灵源村开展“双万结对　共建文明”行动以来，团队队员主动担责，与村委会共同开展微型党课共上、文明礼仪共学、道德讲堂共建、文体活动共办、离退休老人共乐等“五共”活动，参与人数达2100人次，与非遗传承人共同助力中华优秀传统文化传播，为协助培养新型农民、培育文明乡风、繁荣农村文化、建设优美环境贡献了力量，拓展了企村共建新模式。

成效和启示

“百万伏·百万福”深入践行“人民电业为人民”企业宗旨，设立专项团队运营，专设团队负责人，以“党建＋”为依托，搭建立体服务平台，确定品牌运营核心项目。截至目前，“百万伏·百万福”共计吸收团队成员466人，有效受益人超3.5万余人次，使“百万福”真正成为公司搭建企民连心桥、展现员工新魅力、提升员工新动力的新舞台。

一、建系统，逐步推进有章法

在品牌建设初期，构建组织体系将有效推进品牌建设的长期长效发展，特别是制订年度战略规划和实施纲要，有利于研究、部署、解决品牌在建设发展中存在的问题。“百万伏·百万福”团队通过组建品牌运营团队、构建组织体系、设定总队和五支服务队等明确各队职责，从而构建可持续发展的运营体系。每年年初将工作方案纳入公司党委年度重点工作计划，逐步推进，形成年度有计划、推进有章法、实施有成效的良性循环。

二、有切入，服务生产有共赢

在品牌建设过程中，要避免出现“两层皮”现象，只有找准了企业文化工作融入中心工作的切入点，从业务工作的角度、从全局发展的高度谋划推动企业文化工作，才能让品牌建设和企业中心工作形成高度统一。“百万伏·百万福”从服务企业生产经营入手，结合企业重点工作，组织队员在重大保电、重大工程中“揭榜挂帅”勇担责任与使命，在服务中心工作的同时汇聚起团队品牌服务力，推动企业文化建设与业务工作的相得益彰、融合发展。

三、勇担当，书写责任添动力

团队秉持央企的责任与担当，汇集多方力量集中精力、集聚资源填补社会责任“空白地带”，进一步把文化建设覆盖到全域，让“盲区”变“亮区”。“百万伏·百万福”在实践过程中，把服务队在宣传平台、输电工作等一些分散的工作任务进行有机整合，通过“脉动590”“看见”“述说”等平台，联合杭州蓝天救援队、绍兴电力等组织和企业单位，共同开展“‘救援电塔’架起野外逃生通道”行动项目，搭建以2900多基特高压交直流输电杆塔为支点的野外应急救援网络，提升团队服务社会动能。该项目获2023“金钥匙——面向SDG的中国行动”荣誉奖。

（执笔人：孙福昌　杨隽琳）

服务温暖社会，爱心铸就品牌

○ 三替集团有限公司

○ 三替集团有限公司职业技能培训中心

背景介绍

三替集团有限公司（以下简称：三替集团）成立于1992年，深耕家政行业32年，已发展成为多元化经营的企业集团，拥有50余家直属机构，18000余名在册服务人员。集团秉承着“替您排忧、替您解难、替您受累”的服务理念，从买菜做饭、打扫卫生、疏通管道、维修家电、搬家等民生关键小事着手做，逐步构建以服务提供标准为核心、通用基础标准为辅助的598项标准，拥有10大类目、100余项的家政服务内容，能够对于老百姓的生活需求进行全品类覆盖、提供一站式服务。三替集团走出了一条从传统服务业向现代服务业转型升级的发展道路。

三替集团从创办之初就重视企业文化学习，坚定文化自信，将“诚信、爱心、满意、创新”的企业价值观与中华优秀传统文化相融合——诚信打造三替的灵魂，爱心铸就三替的品牌，满意赢得客户，创新赢得未来。三替集团是国家家政教材主编单位、国家职业技能鉴定所、国家服务业标准化试点单位以及国家最早的两个家政行业标准

○ 三替集团“热烈庆祝中国共产党成立100周年——延安精神永放光芒”主题晚会暨第50期传统文化学习会

制定单位之一，是中国家庭服务业协会副会长单位、浙江省和杭州市家政服务业协会会长单位。曾荣获全国文明单位、中国驰名商标、全国工人先锋号、全国家政服务“提质扩容”领跑者企业等荣誉。

主要做法

一、注重传统文化学习，不断丰富服务理念

家政服务是入户服务，家政服务人员需要与客户朝夕相处，因此三替集团希望通过中华优秀传统文化的学习培训唤醒家政服务人员的良知之心，尽心为客户服务。三替集团从2017年就开始组织学习中华优秀传统文化，用传统文化引领和打造家政从业队伍，从管理层至一线员工进行全覆盖，用良知文化培养良知员工，提供良知服务，建设良知企业。努力让圣贤思想的光辉照进每一个员工的心田，让每一个三替人都能向上向善，推动三替集团成为一家受人尊敬的生活服务提供商。

集团始终提倡“高层服务好中层，中层服务好基层，基层服务好一线，最后真正实现一线服务好千家万户”理念，将社会主义核心价值观与党建工作、企业文化有机结合，每月举办一期“三替道德文化讲堂”；启动全员早读计划，从集团总部到各服务门店，从核心管理层到一线员工，大家都捧起传统文化经典高声诵读；持续开展“日行一善”“致良知进社区”等系列活动，组织集团内共产党员、入党积极分子及业务部门志愿者为空巢老人及需要帮助的家庭等提供志愿服务，用行动奉献爱心，用行动传递爱心；在业务部门推行传帮带活动，开展“道德模范”“最美员工”“大师工作室”等评选活动，丰富

员工的服务理念，推动学习型组织建设，造就一批批诚实、自信、勤劳的家政从业者。

二、注重家政人才培育，打造高技能人才队伍

三替集团先后成立三替职业技能培训学校、三替家政学院、金钥匙管家培训学校、国家职业技能鉴定所等机构，形成推动企业创新的人才生产线和原动力。一是抓招募。三替集团每年多次前往四川、湖北、贵州、云南等劳务输出大省招募人员，在人社部门的协助下与当地政府建立长期联系与合作，补充家政行业用工缺口，提升招聘效率。二是抓教育。集团与杭州师范大学联合成立三替家政学院，重点培养社区服务、家政管理、学前教育等领域的高级人才。集团与浙大城市学院签订战略合作协议，该学院为三替集团员工开设行政管理本科专班，共建校内外实训实践基地，为浙江产教融合打造创新样板。三是抓培训。员工可依靠集团的实训教师队伍和实习实践平台，训练和掌握相关工作技能，并自愿选择报考育婴师、早教师、家庭教育指导师、养老护理员、家政管理师等职业资格证，成为一专多能的复合型高技能人才。同时，三替集团将家政服务员从入职到考核、培训、资格证书、评价、投诉等基本信息归档入库，建立服务人员专属档案，以建立家政人员的成长曲线。

三、注重承担社会责任，用爱心铸就服务品牌

自创立至今，三替集团坚持为孤寡老人、特困家庭和重残家庭三类对象实行免费服务。

在助力就业方面，三替集团为下岗失业失地及外来务工人员提供免费培训及再就业推荐，使一大批没有年龄优势、文化优势、技能优势的就业困难人群实现再就业，使他们获得谋生技能和谋生途径。三替集团迄今已累计为近10万下岗失业失地及外来务工人员提供“双免服务”（免费培训及免费推荐再就业服务）。

在精准扶贫方面，作为商务部“百城万村家政扶贫试点工作”在

浙江省的两家试点单位之一，自2014年开始，三替集团每年为贵州黔东南州贫困山区的孩子提供100个免费就读三替家政学院的名额，为他们提供就读大学的机会，从而改变他们的命运。集团领导亲自带队与江西南昌、湖北恩施、浙江常山等地进行帮扶对接，积极打造“常山阿姨”“大同阿姐”等品牌，建立工作机制，搭建供需平台，探索家政扶贫有效模式。

在共同富裕方面，三替集团先后与新疆阿克苏、贵州黔东南、四川青川等地签订战略合作协议，帮助当地打开特色农产品在东部地区的销路。集团领导带领员工远赴千里之外的阿克苏地区和青川县，走访果园、农户，借助自身品牌优势、渠道优势和服务优势，为新疆阿克苏、四川青川等地在杭州搭建特色优质农产品营销合作平台，架设一条从“田间地头”到“都市餐桌”的直通桥梁，实现产品供销一体化，助推当地经济发展。

成效和启示

一、传统文化学习是丰富员工服务理念的“放大器”

三替集团通过传统文化学习培训家政服务人员，使其尽心为客户服务。将传统文化与企业价值观融合，通过传统文化的丰厚土壤，教会员工用心做人、用心做事，在服务中把温暖带给千家万户，并用自己力所能及的方式去践行良知、传递良知、回馈社会，从而打造更加温暖、更加多元的家政服务。同时，员工在服务中能够增强文化自信心和职业认同感、归属感，不断丰富服务理念，激发工作热情和责任感。

二、打造职业路径是培育高技能人才的“加速器”

三替集团兼顾家政行业特色，打造招生招工、培训培养、就业创业三位一体的人才生产线。三替集团的员工中，有的从下岗失业人员成长为全国五一劳动奖章获得者、浙江省劳动模范，有的从普通员工成长为全国优秀家政服务员、“杭州工匠”等。集团通过让员工学习专业知识获得国家专业执业学历证书，训练和掌握相关工作技能，成为一专多能的复合型高技能人才，让员工实现自食其力，获得个人价值感，最终在平凡岗位上发现广阔天地、创造价值、展现风采。

三、承担社会责任是助力企业发展的“稳定器”

家政行业是民生行业，同时也是稳就业、保就业、促就业的重要行业之一。三替集团的企业使命就是为员工的成长提供广阔舞台，为客户的品质生活提供服务保障，为社会的和谐创造更多就业机会。通过家政服务创造就业岗位，吸纳下岗及失业人群就业，以培训促就业、以就业促增收，实现“帮助一人、致富一家，带动一片”，为社会和谐稳定做出贡献。集团在培养高质量、高忠诚度的人才队伍的同时，人才的成长也能反哺企业，有利于企业长期稳定发展。

（执笔人：黄恩泽　何迪汝）

丽水市农投集团
LI SHUI SHI NONG TOU JI TUAN

案例

46

“山耕”特色尽染，文化浸润农投

○ 丽水市农业投资发展集团有限公司

○ 全国首个地市级农产品区域公用品牌“丽水山耕”产品分布图

背景介绍

丽水市农业投资发展集团有限公司（以下简称：丽水农投）成立于2013年，为丽水市政府授权经营国有资产、具有法人资格的国有合资公司，是丽水市唯一的“农”字头市属国有企业，也是全国首个地市级农产品区域公用品牌“丽水山耕”的运营主体，曾获得全国农业社会化服务创新试点、浙江省骨干农业龙头企业、浙江省首批农业社会化服务创新试点组织等多项荣誉。

丽水农投坚持以习近平新时代中国特色社会主义思想为指导，聚焦党建引领，扎实推进“丽水山耕”品牌建设及运营工作，通过实施“耕”系列行动，将“山耕”文化植入集团农业、林业、市场、产权四大业务板块发展。“丽水山耕”作为丽水市委、市政府贯彻落实“绿水青山就是金山银山”理念、建设农产品区域公用品牌的重大创举，采用“政府主导、协会注册、国企运营”机制。品牌创建10年来，积极探索建立了品牌管理与政策体系，5次位列中国区域农业品牌影响力排行榜地市级榜首。

主要做法

一、强化“耕”文化建设，搭建企业文化新局面

加强制度建设。以党建为统领，立足“丽水山耕”产业布局，内部印发《以“沃土工坊”党建品牌创建为引领　全面提升党建水平推动实现高质量发展实施意见》《关于加强企业文化建设的实施意见》

文件，形成以“沃土工坊”为引领的“1+7”党建品牌母子矩阵；明确企业文化发展的“五大目标”“七大行动”，综合提炼以“爱农·为农·惠农”“共创·共筑·共享”为共同价值观的“山耕”文化。搭建文化宣传矩阵。线下建成“党员活动室”“文化长廊”“清廉基地”等文化宣传阵地，将“夯基、培土、育苗”三大工程上墙、落地，增强职工与企业文化黏合度。设计“丽水山耕”品牌标识、标准字体、标准颜色，统一文化视觉体验与输出形式；线上输出企业手册、宣传片、农投IP等，创新“丽水农投”公众号及视频号，开设“图说农投”“成员大展播”等专栏，讲好“山耕”故事，传播农投“好声音”。创新活动平台。组建“耕读”“耕艺”“耕体”“耕农”兴趣小组，涵盖阅读、舞蹈、运动、农耕等8个项目；组建志愿服务小队，开展“关爱老人　新春送暖”“助力学子　为梦护航”等多主题志愿服务；开展“浓情三八节　乐享健康生活”等主题活动，体现人文关怀；开展树立“主人翁精神”系列活动，通过学习先进典型、选树“敬业之星”等，充分激发干部职工的价值认同。

○ “耕读”小组读书会

二、聚焦“耕”品牌运营，探索联农带农新路径

目前“丽水山耕”拥有正式会员329家，培育会员176家，通过实施“丽水山耕＋县域产业品牌＋企业产品品牌”母子品牌战略，覆盖全市菌、茶、果、蔬等九大主导产业，公布授权产品878个。在顶层设计上，邀请浙江大学CARD中国农业品牌研究中心结合丽水农业产业实际，就品牌定位、品牌理念、符号系统、传播策略等进行全面规划。在品牌管理上，以发展品质农业为宗旨，品牌所有者是丽水市生态农业协会，运营和推广由丽水市农投集团负责，制定完善《市生态农业协会章程》《丽水山耕品牌授权管理实施细则》等系列管理制度，明确入会门槛、生产标准、检测要求等并积极推动落地。在品牌服务上，近3年来，自主或联合研发新产品达120余款；年均开展会员企业产品包装设计50余款，开展授权产品检测700余批次，合格率100%；积极拓展世纪联华、盒马鲜生、明康汇等大型商超，省公安厅等省级单位食堂和拓展物产中大、国家电网、南都物业等大型企业，助力丽水9县（市、区）农产品“出山入市”，2023年农投系渠道年销售农产品2.8亿元。在品牌传播上，融合丽水市非遗、文创等文化内容，不定期在杭州、上海等地举办独具丽水印记的“山耕集市”活动，并结合会展、体验、事件传播等，尤其是网络传播，不断提升消费者对“丽水山耕”区域公用品牌的认知和认同，年均组织会员企业或产品参加展销推广300余场。在基地建设上，完成浙西南特色水产种苗良种繁育基地、缙云畅享现代化农事服务中心等省级农业“双强”项目建设；在庆元打造“丽水山耕”荒野茶种植核心基地，在缙云等县（市、区）建立农业订单基地7个。缙云畅享现代化农事服务中心获评浙江省数字农业工厂（基地），入选全省首批十家“五星级现代化农事服务中心”名单。

三、创新“耕”生态实践，打造生价转化新模式

搭建浙江（丽水）生态产品交易平台。建成全省唯一的市域统

筹、市场导向、“山”系融合的浙江（丽水）生态产品交易平台，平台汇集林业碳汇、砂石资源、村集体经营性资产等多品类生态产品，形成生态资源“一张底图”。自2022年12月试运营以来，平台目前已累计收储生态产品1659宗，成交570宗，成交额42.52亿元，促进生态产品价值实现有效转换。打造生态林业。作为丽水区域“浙林碳汇”开发主体，联动国有林场、乡镇强村公司等，对全市7万亩抚育林开发“浙林碳汇”产品14万吨，可服务林农增收350万元。同时，创新“碳汇贷”模式，获中央电视台、《浙江日报》等媒体专题报道。盘活农村资产。流转土地约280亩，建成碧湖镇高溪、白口苗圃等基地，为村集体、农户增收近310万元。

成效和启示

一、“丽水山耕＋文化”是凝聚干事创业的动力

丽水农投通过提炼“丽水山耕”品牌内涵，实施“耕”系列行动，将“山耕”文化融入集团发展的各项业态中，实现“山耕”文化的价值认同。强化顶层设计，以党建为统领，以制度的形式明确企业文化建设的路径、愿景、目标等，保障文化建设的有效性；搭建宣传矩阵，线下通过打造清廉书屋、“山耕”展厅、文化长廊，每月开设“山耕讲堂”等，线下创新“丽水农投”“丽水山耕”公众号及视频号，真正将“山耕”文化融入干部职工的工作生活中。丰富活动形式，通过组建“耕”字系兴趣小组、山耕志愿服务队，开展节假日系列“耕”字系活动、树立“主人翁精神”系列活动，使“山耕”文化真正“外化于心、内化于行”。

二、“丽水山耕+产业”是打造富民增收的引擎

通过倒逼农业产业选育，丽水农投以农产品精深加工为重点实施农业主导产业发展行动。扬“市域”所长，跨县统筹培育茶叶、食用菌等产业集群，保持定力做大市域产业底盘；扬“县域”所长，聚焦聚力选育缙云茭白、庆元甜橘柚、云和雪梨、遂昌长粽等“丽水山耕”拳头产品，持之以恒做大县域拳头单品；扬“品牌”所长，加快构建“市域全品＋县域单品＋企业精品”三级协同发展格局，实现母子品牌互促共进。

三、“丽水山耕+企业”是实现品牌发展的赋能

通过打造“丽水山耕”品牌发展共同体，丽水农投让更多消费者共享丽水好产品。在服务上凝心，通过持续为会员企业提供产品研发等服务，连接金融保险等资源，赋能会员企业转型升级；在管理上聚力，持续强化“丽水山耕”品牌授权委员会管理机制，完善协会会员主体动态调整机制；在架构上创新，架构“生态农业协会＋产业分会”双向双层协会模式，面上聚焦龙头企业做示范、做精品，线上聚焦主导产业攻难点、共发展。

（执笔人：潘景厅　陈　洁）

案例

47

以“文化走亲”赋能美好生活山区样板建设

○ 国网浙江省电力有限公司丽水供电公司

○ 国网浙江省电力有限公司丽水供电公司大楼

背景介绍

文化既是凝聚人心的精神纽带，更是关系民生的幸福指标。2022年，浙江省委对建设文化强省、加快打造新时代文化高地作出新部署，要求在共同富裕中实现精神富有，在现代化先行中实现文化先行。地处浙西南的丽水，是浙江省的欠发达地区，如何在生态惠民富民中同步推动物质富裕和精神富有，让文化建设“关键变量”变成共富路上的“关键增量”，成为加快推进市域高质量发展面临的一个重要课题。

作为服务地方经济社会发展的供电企业，国网浙江省电力有限公司丽水供电公司（以下简称：丽水电力）高度重视企业文化建设，虽有较为丰富的文化资源，但在一定程度上存在文化资源利用率不

○ 丽水电力基层党支部与村镇党支部开展“文化走亲　电力连心”联建签约

高、与地方文化融合度及赋能共同富裕的力度不够等情况。2022年，丽水电力开启了以“文化走亲”赋能共同富裕美好生活山区样板建设的探索实践，通过构建一套“文化走亲”模式、创建四个“文化＋”场景、搭建七座走亲“连心桥”，形成了“147”“文化走亲”赋能共同富裕美好生活山区样板建设体系，不断彰显和激发文化价值的引导力、凝聚力和推动力。

主要做法

一、构建一套“文化走亲”模式

立足区域特色、行业特性、企业特质，聚焦文化铸魂、文化赋能、文化融入，构建集“组织、队伍、阵地、资源、机制”为一体的“五个一·文化走亲”模式。组建一批文化共建联盟。各级党组织主动走进社区、乡村、企业、学校等企事业单位，以结对方式建立文化联盟，通过签订共建协议、制订共建计划，形成常态化的合作交流模式。2022年以来，开展结对活动80余次，建立合作事项93项，促进双方组织融合更深、与群众关系更近。锻造一支文化宣讲队伍。依托电力“红船·光明文化使者”“红船·光明讲师团”等载体，联合地方文化宣讲队伍组建“文化走亲”宣讲团，先后走进基层站所、企业社区、文化礼堂等场所开展形势任务、政策解读、传统文化等宣讲活动63场，受众超过2300余人次。打造一批文化展播阵地。利用基层站所遍布城乡、文体阵地设置齐全的资源优势，为新时代文明实践阵地全域全覆盖提供支撑。在全市46家基层站所设置文体活动场所，建成16个“红船·光明书舟”、11个“红船·光明驿站”，打造了一批以景宁大均、龙泉兰巨为代表的文化服务平台。盘活一系列文化共享资源。建立包含文化队伍、文化项目、阵地平台、需求清单等文化共享资源库，在活动场地、人员组织、文化作品、服务内容等方面实现村企两级资源联动共享，形成“企业—乡村”文化交流模式，提升文化资源利用率和赋能“两富”力度。建立一套文化落地机制。构建“企业党委—网格党支部—街道（乡镇）党组织—服务对象”四级文化落地网格，将浙江电力丽水红船共产党员服务队队员就近纳入当地村镇网格化管理体系，把文化和电力服务送到群众家门口，打造电力与社会共建、共治、共享的公共服务机制。

二、创建四个“文化+”场景

创建“文化+”战略落地场景。贯彻落实“四个革命、一个合作”能源安全新战略，策划“一县一特色”的“文化走亲”战略落地项目，以顶层设计驱动文化输出，打造一批能源汇集低碳供能、电网提质弹性升级、终端消费挖潜提质、多元储能丰富发展、网源荷储协同互动等场景。创建“文化+”优质服务场景。立足人民群众对美好生活的电力需要，将企业文化融入现代营销服务体系构建，努力打造一批“供电+能效”、光伏富裕、抽蓄富民项目，用活用好“台区经理+光明驿站+村级便民”服务形式，提升山区百姓满意度和获得感。创建“文化+”理论教育场景。充分发挥党的思想政治工作优势，突出抓好政治忠诚教育、理想信念教育、红色革命教育，以“德润处州”道德讲堂、“电亮山乡　共富美好”文明共建等为载体，引导党员、群众深刻领会“两个确立”的决定性意义，切实增强政治认同、思想认同、情感认同。创建“文化+”社会公益场景。践行“电力义工”钱海军“时代楷模”精神，通过文化共建联盟，加强与民政局、属地学校、乡镇村委等联动，设立孤寡老人、留守儿童、困难家庭等弱势群体“爱心档案”，实现服务和需求精准对接，持续深化以“e阳光”为主品牌、以“侨帮主”“亲情2号键”“暖巢敲门灯”等为子品牌的特色公益项目。

三、搭建七座走亲“连心桥”

一是搭建“守护生态”连心桥。由优秀党员青年、兼职社区网格员组成“文化走亲”战略落地宣讲团，宣传丽水全域零碳示范工程的背景意义、建设思路及清洁能源汇集站、绿电100%泛微网示范等十大工程，形成把建设全域零碳作为引领地区高质量实现“双碳”的路径共识。二是搭建“携手发展”连心桥。牵头组建丽水能源电力产业低碳发展促进联盟，推出“电力助企纾困八项服务举措”，推广“绿电聚合”交易、“绿色金融”服务，为3000余户中小微企业节约办电成本3600多万元，以文化赋能帮助小微企业排忧解难。三是搭建“助力共富”连心桥。依托“文化走亲”机制，创新打造“畲乡山花”“乡村机长”等系列智慧助农“文化IP”，以线上直播带货、线下摆摊推广、无人机喷洒农药等方式，帮助农户解决农业生产难题、拓宽农产品销售渠道，累计助农76户、助力增收30余万元。四是搭建“精神惠民”连心桥。精心创作情景剧、微文化课、先锋故事等150余件鲜活生动的文化作品，运用读书会、文化沙龙、主题论坛等形式，以基层群众听得懂、记得住的传播手段和语言方式，宣讲党的创新理论政策，让精神惠民成为赋能共同富裕最富魅力、最具辨识度的标识。五是搭建“共筑和美”连心桥。凝聚“乡风文明”力量，组织“新乡贤”队伍上门走访，收集村民用电服务需求，传导文明用电理念。挖掘乡村文化资源、族规家训和当代人物事迹，协助56个村制定文明公约，宣传推介美丽乡村建设，凝聚向上向善的文化力量。六是搭建“电靓乡村”连心桥。依托文化共建联盟，在松阳县后畲村实施“点亮老屋”示范项目，与县老屋办、中国美院教授、村干部等多方讨论确定“电源双点支撑、配变三区分台、全维线景融合”的老屋供电升级改造方案，在助推乡村振兴特色履责实践中彰显文化赋能价值。七是搭建“服务群众”连心桥。聚焦山区老人在保障安全用电、购买生活物资等方面的困难，建立“七旬免跑”志愿服务队，连续16年开展代买代购、维修维护、理发等系列公益服务，累计让深山老人免跑5.7万次、代买物资343吨、修理家电15.6万次、理发服务超10万人次，以“精准走亲”履行社会责任。

成效和启示

一、必须坚持人民至上

把解决群众关心的问题放在突出的位置，只有建立起一系列服务群众的体制机制，形成一批文化惠民主题产品，才能让文化工作更有生命力。“文化走亲”项目以“架桥连心模式”贴近群众，聚焦群众所忧、所思、所盼，通过搭建七座走亲“连心桥”，畅通与政府、乡村、企业等多方的联系交流，实现了“矛盾化解在基层，送文化服务到家门”，有效促进了区域经济高质量发展和人民美好生活品质提升。

二、必须强化传播网络

借助多方力量、强化系统思维、运用多元化视角，才能让“文化走亲”载体更多、场景更多、更可持续，进而优化文化工作的系统价值、场景布局和渠道活水。“文化走亲”项目以“文化辐射模式”构建网络，把文化融入独具特色的场景中，有力推动构建全社会多维共筑、多元主导、多方参与的文化传播格局，形成了跨地域、跨行业、跨场景的立体式文化辐射体系。

三、必须注重价值转化

只有将优秀企业文化有效输出，并转化为观察和解决问题的科学方法、服务群众的初心实践，才能真正发挥文化的融合与赋能功效。

“文化走亲”项目以“资源共享模式”强化输出，构建“五个一·文化走亲”模式，通过共建组织、共育队伍、共用阵地、共享资源、共建机制，实现了文化的精准供给，有效促成了企业文化、传统文化与红色文化的相互交融、相得益彰。

（执笔人：马　晓）

案例

48

FOTILE 方太

因爱伟大

中西合璧的方太企业文化

○ 方太集团

○ 方太集团

背景介绍

方太集团（以下简称：方太）创建于1996年，是以智能厨电为核心业务的幸福生活解决方案提供商，为人们提供高品质的产品和服务，已形成集成烹饪中心、吸油烟机、水槽洗碗机、嵌入式洗碗机、净水机、嵌入式灶具、嵌入式消毒柜、嵌入式微波炉、烤箱、蒸箱、燃气热水器、冰箱等多条产品线。

方太是一家使命、愿景、价值观驱动的独特企业，致力于为亿万家庭提供无与伦比的高品质产品和服务，打造健康、绿色、有品位的生活方式。在弘扬企业价值观的同时，方太注重传播中华优秀传统文化，让亿万家庭享受更加美好的生活，实现幸福圆满的人生。自2008年起，方太人以中华优秀传统文化为重要源泉，与西方现代企业管理理念不断融合，形成了以“中学明道，西学优术，中西合璧，以道御术”为总纲的方太文化体系。

主要做法

一、理念引领：以传递幸福为企业使命

方太“幸福三部曲”创新生活方式。2018年，方太将企业使命从“让家的感觉更好”升级为“为了亿万家庭的幸福”，同时发布了新时代家庭幸福观——“衣食无忧、身心康宁、相处和睦、传家有道”。2019年，方太将幸福含义的外延进一步延伸，提出了“幸福社区”理念，力图通过“美善环境、精诚服务、和乐成长、互助公益”四个方

面，打造“不是一家人，胜似一家人”幸福社区。2020年，方太从家庭、社区场景回归厨房，提出“幸福厨房”理念，包含“厨房有品，饮食有节，相处有乐，食亦有道”4个维度。自此，形成了方太企业文化“幸福三部曲”。

方太“幸福三部曲”拓展幸福内涵。从家庭、社区回归到厨房，方太旨在从新时代家庭的全新生活方式着手，通过厨房这一幸福场景的建设，让用户感悟：我们终日追寻的幸福，其实就在这充满烟火气的方寸天地中。为了把“幸福厨房”的理念落到实处，方太幸福厨房工作室调研了5000多户中国家庭，提炼出了“幸福厨房”的理念和设计原则，并设计出独有的“幸福厨房”评估模型。之后，“幸福厨房”工作室奔走于不同的城市，开展了百余次演讲分享，和头部地产商一起交流共创，持续推动地产行业共同思考“厨房之于家的意义”。

方太“幸福三部曲”传达企业追求。从“让家的感觉更好”到“为了亿万家庭的幸福”的理念更迭，传达了方太希望在满足顾客需求之外，能够通过传播新时代“家庭幸福观”“幸福社区”“幸福厨房”的理念带给用户幸福的企业追求，体现出方太“导人向善”的社会责任感。

二、创新驱动：以“美善精品”为载体

方太立足厨电行业，以“提供无与伦比的产品和服务，打造健康环保的生活方式”为己任，希望通过“美善精品”的质量要求，为顾客带去充满幸福感的使用体验，助力每一位用户、每一个中国家庭获得真正的幸福快乐。

“美善精品”离不开美善创新。方太的创新科技观包括“仁爱为体、合理为度、幸福为本”3个部分。面对行业新变化，方太将用户利益、社会责任放在首位。在面临“集成灶”生产风口时，方太坚持“原创、引领、美善”的创新理念，依托数十年厨电科技的深厚积淀，最终推出集吸油烟机、燃气灶、蒸箱、烤箱、蒸烤烹饪机多样功能于一体的集成烹饪中心，让用户在小空间里也能施展大身手。

"美善精品"离不开精诚品质。方太以"视顾客为亲人，视品质为生命；坚持零缺陷信念，人人担责，环环相扣，把事情一次做对；用仁爱之心和匠心精神，造中国精品"为品质方针，当品质与成本、交付期发生冲突时，方太永远把品质放在第一位。对品质的追求奠定了方太在厨电行业中的领先地位，也培养了消费者对方太品牌的信任感和忠诚度。

三、体验导向：以"五心"服务为依托

服务是企业发展的关键要素。企业的目的就是创造产品并服务顾客。方太的服务理念是"幸福服务"，就是使顾客幸福、使伙伴幸福、使员工幸福、使人类幸福。

方太以"五心"（动心、放心、省心、舒心、安心）服务为依托，既为顾客提供物质产品，又提供精神产品，并通过售前、售中、售后

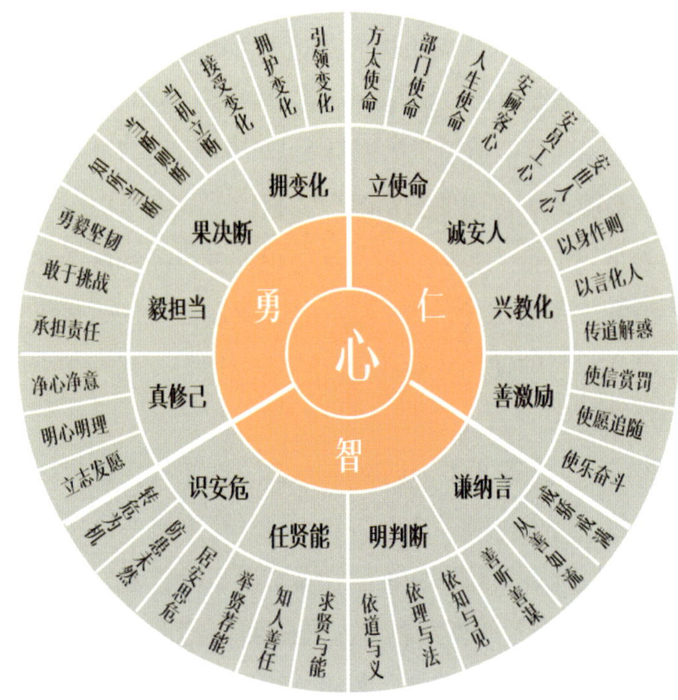

○ 方太领导力模型图

等全业务流程，打造能真正让顾客幸福安心的产品服务。方太坚持“客在心中”，构建使顾客幸福的平台，以“让爱传递”的发心进行业务设计。在用户咨询业务中，坚持“视顾客为亲人，做让顾客幸福的事”的初心，用心接待每一次咨询；在报修业务中，洞察顾客需求变化，通过多样化、专业化、场景化增强售后便捷度；在社群服务中，以“使客幸福”为使命构建社群平台，增强情感联系，帮助顾客提升获得感；在用户申请服务中，不断优化解决方案，满足用户的数据需求，助力顾客提升幸福感、组织提升竞争力、员工提升成长感。

成效和启示

一、顾客得安心：满意度持续领先

方太视顾客为亲人，通过打造无与伦比的顾客体验，让顾客动心、放心、省心、舒心、安心。方太的产品首先从工业设计上让顾客动心，其次从产品质量上让顾客放心，然后通过安装和售后一站式服务让顾客省心，最后，通过良好的使用体验让顾客舒心和安心。

得益于“以顾客为中心”的理念，以及在美善创新、精诚品质、幸福服务等方面的持续追求，方太吸油烟机、灶具等产品的核心技术指标一直处于行业领先水平。截至2024年3月底，方太拥有授权专利数量超13000个，客户诉求及时闭环率累计达99.9%，顾客满意度连续12年位列行业领先地位。

二、员工得成长：幸福感持续提升

方太以员工为根本，不仅注重提高员工的物质生活水平，也重视员工的精神成长。方太关注和重视员工的心灵成长，通过关爱感化、教育熏化、制度固化、才能强化来帮助员工实现物质精神双丰收、事业生命双成长，从而收获幸福、圆满、觉悟、自在的人生。

物质方面，方太实行“全员身股制”，入职2年以上的员工，均享受公司发展的分红。此外，方太还有育儿假、孝亲路程假等假期，让员工可以更好地照顾家庭。同时，方太通过民主管理、荣誉机制、方太文化体验营、“了凡四训与幸福人生”课程等，持续提升员工幸福感。

三、社会得正气：品牌价值持续提升

早在2006年，方太就开始发布企业社会责任报告。2017年，方太修订并形成了既有特色又系统完整的方太“企业社会责任金字塔”体系，以“企业首先应该承担法律责任，其次才是发展责任、伦理责任和慈善责任”为工作思路抓好贯彻落实。

得益于持续承担社会责任，方太的品牌形象、品牌价值、品牌满意度及用户忠诚度、品牌推荐度和净推荐值、品牌首选率和复购率等指标在行业中均处于前列。方太曾多次荣获亚洲品牌500强、中国品牌500强、中国行业标志性品牌等荣誉。2023年，方太集成烹饪中心入选首批“中国科创新名片”名单，荣获浙江省知识产权奖一等奖等奖项。

四、经营可持续：各项成果持续向好

方太一直把“经营可持续”作为目标，坚持创新发展，不囿于短期利益的诱惑。方太认为只有抓好战略管理、运营管理、人文管理、风险管理4个方面，才能实现可持续经营。得益于良好的经营管理，2023年，方太全年销售收入176.29亿元，同比增长8.53%。此外，集团深化组织变革启动，成立顾客安心委员会，坚持集成产品开发（IPD）模式20年，引领中国高端厨电等变革突破。方太文化案例荣获全国企业文化优秀成果特等奖等奖项荣誉。

（执笔人：刘湘妃　赵士诚）

案 例

49

打造匠心育才风景线

○ 育才控股集团股份有限公司

○ 育才控股集团股份有限公司文化创意基地

背景介绍

育才控股集团股份有限公司（以下简称：育才集团）成立于1994年，坐落于温州市永嘉县桥头镇白垟工业区，主营多功能学生课桌椅、高档书写板、创意游乐设施、幼儿教育家具、光学智能交互电子板等产品，是一家集科研开发、生产制造、销售服务于一体的综合集团公司。育才集团秉持“快乐全球共享”的理念，着力打造全球先进水平的教育装备供应体系，在智慧教室、生态幼儿园、儿童创意乐园、学生综合实践基地等新型教育空间的创意设计和实践上牢固树立独特的竞争优势。

育才集团紧紧围绕“匠心·育才”企业内核，聚焦“智造未来·匠心育才”，将企业文化建设工作作为经营管理和团队建设的重要抓手，

○ 青少年体验“育才制造”益智玩具

高度重视、稳步推进，在落实文化建设的过程中不断强化理念认同，打造极具产业特色的企业文化。育才集团在“文化护航”“匠心助航”“人才启航”“团结引航”“公益远航”五大维度践行循环创新，凝聚了关心教育、支持教育、服务教育的强大合力。30年来，育才集团专注主业，持续助力中国教育装备行业发展，厚植“育才”教育土壤，为不计其数的孩子带去属于“育才制造”的优秀产品。

主要做法

一、在“文化护航”中完善阵地建设

一是打造文化阵地群。育才集团企业文化中心划出建筑面积6000平方米，投资540余万元，打造“六有”标准的企业文化活动中心“主阵地”，开辟企业文化展示中心、党史教育长廊、红色文化广场三大“副阵地”，分设宣传展示区、文体活动区、办公学习区、休闲娱乐区等四大区域，形成布局合理、功能齐全、服务多样的阵地群。

二是完备文化设施库。加强文体活动室、员工心灵工作坊、多功能减压室等文化阵地建设，切实发挥群团组织作用。设立职工阅读室，配置相关书籍。打造职工健身娱乐中心，内设有舞蹈房、台球室、乒乓球室及健身功能活动室供职工使用。组织开展健康有益的文体活动，着力营造健康向上的工作氛围。

二、在“匠心助航”中凝聚发展合力

一是系统谋划提升创新能级。面对人民日益增长的精神文化需求，以数字技术赋能教育文化产业发展是必然趋势。近年来，育才集团守住匠心、再谋发展，发起“建设教育装备共赢新生态”的倡议，

摒弃原产业中的模仿复制与恶意竞争行为，号召业内健康良性发展，共同打造大数据支撑、网络化共享、智能化协作的智慧产业链体系。

二是多样宣传激励匠心精神。充分利用“育才控股集团”“温州育才学生综合实践基地”2个微信公众号平台进行文化活动宣传，评选公示“技术能手”“最美员工”“劳模榜样”等。利用企业文化宣传橱窗开展企业文化宣导，打造《育才报》企业文化刊物，报道各类形势政策、业内发展态势、企业近期工作重点等，让更多育才人拥有企业文化认同感。

三是人文匠心营造浓厚氛围。充分利用企业文化中心、多媒体会议中心、红色文化广场，多次举办富有企业特色的新春联欢会、七夕联谊会、员工入职仪式等，常态化开展爱国主义影片播放以及职工培训，营造企业文化建设浓厚氛围。

三、在“人才启航”中优化队伍建设

一是实施“双培双优—金种子”计划。以企业内部一线职工和青年职工两类群体为培养对象，通过“育才”成长学堂进行业务技能培训，组织集团党支部主题党日活动，加强党史理论学习、锤炼党性修养，开展“一对一”结对帮扶助力成长成才。

二是落实“员工骨干三培养”机制。将企业7名生产经营技术管理骨干培养成共产党员，将4名党员培养成生产经营技术管理骨干，并将21名生产经营技术管理骨干培养提拔成中层领导，推动公司骨干力量中党员占比达65%。

三是构建“志愿服务365”体系。成立“育才”志愿服务队，联合社会群团组织深入挖掘志愿服务项目，丰富志愿服务内容，推出一年365天“全天候”服务模式，开展聚人气、接地气的志愿服务活动。

四、在“团结引航”中促进和谐共进

一是打造“民族之家”。育才集团共有150余名来自不同少数民族的职工，育才集团党支部牵头组建民族工作小组，推动企业建设

"红石榴之家"，打造"各民族相聚融合、凝聚乡情"企业特色文化礼堂，促进各民族员工文化交流。

二是共担企业职责。持续开展企业"民族团结一家亲"联谊活动，开通少数民族任职重要岗位绿色通道，其中企业采购总监、妇联主席等7个重要岗位由少数民族员工担任。

三是助力民族共富。近年来，育才集团积极参与少数民族结对帮扶行动，向丽水丽新民族小学捐赠课桌椅210套，向四川省凉山州的孩子捐赠课桌椅3000套，向甘肃省礼县山区学校送去教育装备500套。

五、在"公益远航"中践行社会责任

一是开展爱心助学。定期组织党员、职工到全国各地贫困地区开展慰问帮扶，设立千万元专项慈善基金，为贫困学生送上育才集团的温暖，助力培养德智体美劳全面发展的时代新人。二是搭桥少年研学。育才集团自主开发"劳动＋文化、劳动＋设计、劳动＋制作、劳动＋创意、劳动＋创新"系列劳动教育课程，目前已服务超30万学生，获得了年轻受众的高度认可。其中"传承匠心·劳动筑梦"中小学生工业劳动研学线路入选温州市研学旅行示范线路。

三是关爱留守儿童。育才集团党支部把关爱员工子女成长摆在企业工作的重要位置，连续多年在暑假期间实施"小候鸟关爱计划"，每年组织开展为期一个月的暑期公益夏令营，助力孩子健康成长。

成效和启示

一、党建工作要与企业发展双强双赢

育才集团积极发挥党建引领作用，不断扩容党建内涵，通过实施

“五航引领”行动，将匠心融入技艺，让创新引领发展，把党建工作的“软实力”变成企业经营管理的“硬实力”，累计斩获自主知识产权300余项，参与制定国家、行业标准15项。同时发挥党组织的战斗堡垒作用和党员的先锋模范作用，带动职工成长，在企业内部营造了团结向上、积极进取、和谐共进的良好氛围，开创了以高质量党建引领企业高质量发展的新局面。育才集团党支部先后被评为浙江省先进基层党组织、浙江省思想政治工作优秀单位等。

二、文化建设要与企业发展互融互促

育才集团多年来始终坚守主业，深耕教育装备领域，做优做强“育才”文化品牌，截至目前已为超10万所中小学及高校提供产品和服务。公司打造国内室内最大研学营地——育才学生综合实践基地，开辟精品研学线路，设计30余个特色课程，为培养学生核心素养注入源源不断的活力，累计已接待全国各地百余所学校的7万多名求学师生。全体职工秉持追求卓越、攻坚克难的匠心，厚植创新土壤，将育才人的创新优势转化成企业的发展胜势，实现了企业与职工的共同进步与成长。

三、创业使命要与企业发展同向同行

育才集团30年专注一个赛道，将匠心融入每一件教育装备，始终践行“为教育创新，为健康护航”的企业使命，由“卖装备”向“卖理念”转变，将核心素养和创造力培育的教育规律融入教育装备和环境创设，从最早采用食品级原材料，到如今采用全球最严苛、最高等级的ENF级环保面板，引入金属24小时抑菌技术、注塑包边发明技术……对行业技术发展痛点的每一次撬动，都是为环保创新提供支持，助力企业可持续发展。

（执笔人：李霜霜）

同“韵”共富，点亮残障人士美好人生

○ 宁波舜韵电子有限公司

○ 宁波舜韵电子有限公司全景

背景介绍

宁波舜韵电子有限公司（以下简称：舜韵电子）始创于1989年，是一家以厨电智能控制系统为核心，集设计、研发、生产、销售于一体的专业化公司。公司具有完备的技术和产品体系，建有省级技术研发中心、省博士后工作站，在触摸控制、传感控制、变频控制等领域拥有雄厚技术力量。凭借研发生产的智能控制系统，赋能油烟机、集成灶、洗碗机、微波炉、蒸箱、烤箱、蒸烤一体机、净水器、燃气报警器等产品，成为方太、火星人、亿田、欧琳等国内知名品牌的“名配角”企业。

舜韵电子秉承“共同富裕道路上，残疾人一个都不能少”理念，把企业发展和承担社会责任作为企业初心，把帮扶残障人士稳定就业、激励其发挥作用列为企业发展战略。2021年12月，企业成功备案登记为余姚市残疾人就业安置企业，经过两年多摸索实践，逐渐打造成余姚乃至宁波规模较大、残健共融生动、携手助残共富的残疾人就业安置企业。目前，公司已招用残疾人员工近200人，占舜韵电子员工的30%。公司成立以来，共斩获发明专利11个、实用新型专利

○ “共同富裕　爱在舜韵”文艺演出

256个、软件著作权51个，参与起草国家标准1个、团体标准1个。先后荣获国家高新技术企业、国家二级安全生产标准化企业、国家专精特新“小巨人”企业、国家知识产权优势企业、浙江省专利示范企业、浙江名牌产品、浙江省隐形冠军培育企业等诸多荣誉。

主要做法

一、加强关爱服务，促进精神共富

舜韵电子通过文化感染，培育感恩情怀，培植积极向上、自强不息的精神，改变残障人士“等、靠、要”消极思想，实现精神富有。

坚持四联暖心。发挥党建引领作用，深化“党建+工坊”工作体系，专设残障人士服务办，通过“车间班组天天联、车间主任及时联、服务办专员见面联、党员结对时常联”，将残障人“流入”变为“融入”。设置结对帮扶一览表和记录本，与残障员工谈心谈话，为其解困释疑，第一时间了解他们所需所盼。各群团定期开展文化培训、集体生日会、员工体检、一日游等专属福利，实施党员“联一帮二”工作机制，协调好企业与残障员工之间的关系，稳定残障员工队伍，让他们充分感受来自大家庭的暖心关怀。

坚持励志鼓舞。加大关心关爱和文化植入，帮助残障员工提升自信。邀请残奥冠军王益楠走进舜韵电子，开展“坚定信仰，做最优秀的自己”的励志演讲，以亲身经历鼓励残障人士坚定信念；组建残疾人艺术团，以励志节目鼓舞残障人士向阳而生，其中24名演职人员登上杭州亚残运会闭幕式舞台；鼓励残障人士积极参加集团组织的运动会等各类赛事，用奖杯和证书引导员工建立自信，完美诠释了残健共融的理念。

坚持安全至上。公司注重残障人士人身、财产安全问题，常态化开展交通、反诈、消防培训。为骑车员工分发头盔，每天常态化检查监督佩戴情况。开展宿舍楼逃生演练，在注重公司消防安全的同时，增强残障人士安全意识和自我保护意识。提升基础设施配备，在集体宿舍安装自动断电装置，在公共区域开设残障人士专用电梯和便利设施，切实保障残障人士人身、财产安全。

二、助力素质提升，促进技能共富

舜韵电子持续拓宽岗位历练渠道，有效助力残障员工增强生活能力、提升工作水平。

注重岗能匹配。开展岗能匹配是真正发挥残障人士工作积极性、激发主观能动性的关键要素。公司充分考虑残障人士的文化程度、习俗传统以及个人专长等因素，及时进行岗位调配。2023年，创新实施“ABCD”绩效考核机制，对确有“思想困难、技能困难”的残障人士，一对一进行谈话、帮扶和换岗，激励他们向“AB”考核等次靠拢。目前，近200位残障人士有78%分配在车间岗位上，18%在科室岗位上，4%在后勤岗位上，他们尽责履职，每个人身上都散发出热爱企业、热爱工作的光芒。

注重技能帮带。车间、部门建立技能帮带制度，对新员工特别是残障人士，实行“班组长、部门长手把手教、老员工一对一传帮”制度。利用早会、午休学习SOP流程图及操作技巧，帮助残障员工在最短时间内熟悉工作流程、掌握技能要领，加快融入团队、融入流水线，提高其工作成就感，激发其工作主动性和积极性。

注重提能升级。工坊以岗位促学为抓手，鼓励残障人士参加技能等级认定，充分利用晨读、学习会、工作群等多途径进行宣导，激发其提升职业技能的主观意识。目前，有54人获初级工证书，8人获中级工证书，18人获高级工证书。

三、健全完善机制，实现物质共富

舜韵电子深知，援助一名残疾人即意味着扶持一个家庭，家庭福祉的提升将有利于社会稳定。公司重视建立完善各类激励制度，为残疾员工提供实质性的权益保障。

落实基金保障。在余姚市慈善总会设立规模1200万元的宁波舜韵电子“共富帮扶”慈善冠名基金，用于助残、助学等公益项目。比如，每年花费5万元资助困难大学生，花费20万元用于企业职工“兰祥”基金，花费72万元资助120户因残致困家庭，帮扶足迹跨越山海，到达四川凉山、丽水松阳、贵州雷山等地。

提供暖心补助。完善残障员工福利、劳动薪酬机制，鼓励多劳多得，倡导劳动光荣。公司与每个残障人士签署劳动合同，为他们专设超产激励金，大多数人员每月可增收200至400元激励金，社保自缴部分由公司给予兜底补助。公司每月提供400元住房补贴及免费一日三餐，给残障员工充分的温暖和尊重。

培树标杆引领。为激发残障人士自强不息、奋发向上的进取精神，弘扬主旋律，传播正能量，公司每半年组织“爱岗敬业、奋发向上、团队协作、奉献忠诚”等荣誉奖项评选，采取自下而上和自上而下相结合的方法积极培树残疾人员工标杆，发挥残障员工标杆示范引领作用，给予全体员工更多的启发和激励，形成振奋舜韵电子员工奋发前行的合力。

成效和启示

一、尊重与平等是残健共融的基本

残健共融需要充分的尊重和平等。在舜韵电子，没有残疾人的叫法，只有残障人士或爱心人士的称谓；没有残疾人专用通道，但有方便他们使用的各项设施；不在运动会上单设残障员工项目，但会充分考虑员工能同等参与的条件机会；技能比武、晨读早会、消防逃生演练，都有残障人士的积极参与，让他们感受到来自舜韵电子的充分尊重与认可。残疾人艺术团24名听障演员和手语指挥登上杭州第四届亚残运会闭幕式舞台，参演《惜别在今宵》《清茶敬远行》《最忆是杭州》3个节目，向世界展示浙江省残疾人文艺事业的发展成果。

二、信任与舞台是双向奔赴的前提

公司的残障人员主要为听障和肢体残疾人士，智力和精神状态均保持健康。部分员工自述："并非无能，仅是行动不便。"只要勇于付出努力，残障员工完全能够胜任工作。只要用心，就会发现，残障员工队伍中不乏心灵手巧、自己尝试发明的员工，严厉有加、不折不扣管理仓库的员工，一丝不苟、如数家珍的内务员工，参与课题研发和项目申报的员工……总之，只要给予残障人士舞台和信任，上下齐心、内外合力，就一定能实现双向奔赴。

三、提升与发展是实现共赢的诠释

要让自强不息、自食其力的奋斗精神以及持续迸发的创新活力有效取代"等、靠、要"思想。比如，听障员工虽"双耳不闻窗外事"，但可专注工作，大大提高生产效率。舜韵电子部分业绩突出的残障员工月收入可达万元，同样能成为其他人的学习榜样。残障人士充分就业不仅有效帮助个人致富、促进社会家庭和谐。与此同时，企业能够得到社会各界的肯定和支持，有效实现经济效益、社会效益双丰收。

（执笔人：宣梦梦）

后　记

企业文化是企业核心竞争力的重要体现，是助推企业高质量发展的不竭动力。近年来，我省广大企业在市场浪潮中不畏艰难、乘风破浪、逆势飞跃，取得骄人业绩，其中一个重要原因就是高度重视企业文化建设，形成了许多体现时代要求、受到群众欢迎、富有创新性和实效性的优秀企业文化案例。为深入践行习近平文化思想，总结提炼企业文化建设经验，宣传推广优秀企业文化，经中共浙江省委宣传部领导批准，浙江省思想政治工作研究会、浙江省企业文化建设协会面向全省开展了企业文化建设优秀案例征集评选工作。

在各地各单位的积极参与和共同努力下，推荐选送了185个鲜活案例，经过评审筛选，最终入选50个案例并汇编出版。浙江省委宣传部常务副部长、省思想政治工作研究会会长来颖杰同志关心指导本书编写工作，浙江省委宣传部副部长、省文明办主任、省思想政治工作研究会常务副会长俞慧敏同志负责统筹本书编写工作。李海江、潘卜瑞同志具体负责本书的组织、修改与统稿工作，王静、陈王方、杨隽琳、周琼华、鲁晓帆、张欣等同志负责本书的编写与修改工作，丁琴飞、冯芯然同志参与了本书资料收集和整理工作。由于时间仓促、水平有限，难免存在疏漏和不足，恳请批评指正。

本书编写组

2024年7月